Ekkehard Graf und Markus Schanz

Der Engel in der Rikscha
Geschichten zum Staunen,
wie Gott in Indien wirkt

Ekkehard Graf
Markus Schanz

DER ENGEL
IN DER RIKSCHA

Geschichten zum Staunen,
wie Gott in Indien wirkt

BRUNNEN
Verlag GmbH · Giessen

Dr. Ekkehard Graf und Markus Schanz sind in der
Leitungsverantwortung bei
Kinderheim Nethanja Narsapur/Christliche Mission Indien e.V.

Beide sind verheiratet, Väter erwachsener Kinder und Pfarrer
der württembergischen Landeskirche,
Graf als Dekan in Marbach am Neckar, Schanz als Pfarrer in Flein.
Beide haben dieselbe Leidenschaft für Indien und sind überzeugt:
„Die indischen Christen stecken uns an mit ihrer Glaubenskraft!"
www.nethanja-indien.de

© 2019 Brunnen Verlag GmbH, Gießen
Lektorat: Petra Hahn-Lütjen
Umschlagfoto: privat
Umschlaggestaltung: Jonathan Maul
Satz: DTP Brunnen
Herstellung: CPI – Ebner & Spiegel, Ulm
ISBN 978-3-7655-2096-9
www.brunnen-verlag.de

INHALT

STAUNEN, WIE GOTT IN INDIEN WIRKT

Herzliche Einladung, mit uns gemeinsam zu staunen, wie Gott heute in Indien wirkt!

In der noch jungen NETHANJA-Kirche ereignet sich so viel Erfreuliches, dass wir davon gerne in Europa berichten, um Menschen hier in ihrem Glauben zu ermutigen.

Schon viele Jahre sind wir dem Werk „Kinderheim NET-HANJA Narsapur – Christliche Mission Indien e.V." verbunden. Seit dem Jahr 2016 tragen wir gemeinsam mit Vorstand und Beirat die Verantwortung als Vorsitzender und als Geschäftsführer. Und beide sind wir, immer wenn wir nach Indien reisen, um die Verantwortlichen und die vielen Engagierten in der NETHANJA-Arbeit zu besuchen, aufs Neue davon fasziniert, wie die Christen dort ihren Glauben leben. Und was sie mit Gott erleben.

Die Berichte in diesem Buch sind überwiegend im Rahmen der jährlichen großen NETHANJA-Pastorenkonferenz gegeben worden, meistens von verantwortlichen Pastoren, die in der NETHANJA-Kirche Supervisor heißen und einem deutschen Dekan oder Superintendent vergleichbar sind.

Für die Veröffentlichung wurden deren Berichte noch bearbeitet und in der Endredaktion mit Bischof Dr. K. R. Singh abgestimmt. Manche Berichte stammen auch aus direkten Gesprächen mit den indischen Christen.

Wir freuen uns, dass wir mit diesem Buch die Mut machenden und glaubensstärkenden Zeugnisse aus Indien mit vielen weiteren Menschen teilen dürfen und wünschen eine gesegnete Lektüre.

Herzlich,
Ekkehard Graf & Markus Schanz

DER ENGEL IN DER RIKSCHA

Berichtet von DAS KUMAR

Mein Name ist *Das Kumar*. Ich bin ein Dalit, das heißt: Für die, die in Kasten denken, zähle ich zu den Unberührbaren, zu denen, mit denen man nichts zu tun haben will und die nichts gelten. Mein Vater war schon früh gestorben, deshalb hatte ich eine schwere Kindheit. Aber dann habe ich Gott als meinen himmlischen Vater kennengelernt. Seither sage ich immer: „Ich bin kein Dalit, ich bin ein Verwandter des höchsten Königs, Jesus!"

Ich bin sehr froh, dass ich ihm dienen kann, und erlebe oft, wie er mich begleitet und seine schützende Hand über mich hält.

Am Anfang des Jahres 2018, am 5. Januar, habe ich das wieder einmal auf ganz wunderbare Weise erfahren. Ich war gemeinsam mit Pastor *Krupa Rao* auf dem Motorrad unterwegs zu einer Gemeinde im abgeschiedenen Hinterland. Auf der engen, unbefestigten Straße kam uns ein Lastwagen entgegen. Der war so breit wie die ganze Straße. Wir versuchten noch auszuweichen, aber der Lastwagen hat uns gestreift und wir sind mit unserem Motorrad gestürzt. Doch der Lastwagen fuhr einfach weiter. Entweder hat der

Fahrer unseren Sturz gar nicht gemerkt, oder er wollte nicht schuld sein an diesem Unfall und suchte daher das Weite. Wir beide lagen auf der einsamen Straße, verletzt und blutend. Krupa Rao hatte sein Bein gebrochen, das war leicht zu sehen, denn der Knochen schaute heraus. Er war bewusstlos und ich konnte vor Schreck nicht reden.

Da betete ich innerlich zu Gott und rief: „Sende deine Engel, um uns zu helfen!"

Aber es war eine abgelegene Straße, und über eine Stunde lang kam niemand vorbei. Obwohl es Winter war, brannte die Sonne schon wieder unerbittlich auf uns herab. Ich wollte schon die Hoffnung aufgeben, da kam eine Autorikscha, eins dieser unzähligen Dreirad-Taxis, die im ländlichen Indien den meisten Personen- und Warentransport sicherstellen. Die Rikscha hielt sofort an. Wir wurden aufgehoben und vorsichtig in die Autorikscha gelegt – und der Fahrer bekam die Order, uns sofort ins Krankenhaus zu fahren. Ich war sehr erleichtert und dämmerte erschöpft ein.

Im Krankenhaus angekommen, wurden wir beide gleich untersucht und dann behandelt. In schönen weißen Betten lagen wir und dankten Gott für diese Hilfe. Da kam der Arzt und sagte zu mir: „Wie gut, dass ihr hierhergebracht worden seid. Wärt ihr beide eine Stunde länger auf der Straße gelegen, hättet ihr beide es nicht überlebt!"

Wieder kam ein Dankgebet über meine Lippen. Dann aber machte ich mir Sorgen, wie wir die Krankenhauskosten bezahlen können. Eine Krankenversicherung ist in Indien derzeit erst im Aufbau, wir beide hatten aber noch keine abgeschlossen.

Mitten in diese Überlegungen hinein kam völlig unerwartet ein Mitarbeiter von Bischof Singh ins Zimmer. Er wirkte erleichtert:

„Jetzt habe ich dich endlich gefunden. Bei dir daheim warst du nicht und auch nicht in der Gemeinde, die du besuchen wolltest. Schließlich habe ich erfahren, wo du steckst", sagte er lächelnd – und hielt mir dabei einen Briefumschlag hin.

„Ich bring dir das von Bischof Singh! Er hat eine größere Spende erhalten und bekam im Gebet den Eindruck, dass er dir einen Teil davon schicken soll, mit dem Verwendungszweck: ‚Wo am nötigsten‘!"

Ich öffnete mit zitternden Händen den Umschlag … und ein weiteres Mal stieß ich ein jubelndes Dankgebet aus. Der Geldbetrag entsprach genau den Krankenhauskosten, die für uns beide angefallen waren! So konnten wir am Tag unserer Entlassung die Behandlung komplett bezahlen.

In solch einem Fall müssen sich sonst viele Familien auf lange Zeit verschulden. Uns aber hatte Gott wieder einmal geholfen. Ich kann Jesus nur danken. Und eins weiß ich seither gewiss: Ja, Gottes Engel existieren wirklich! Und manchmal kommen sie sogar mit einer Autorikscha!

Das Kumar ist nach dem dreijährigen Bibelschulstudium seit 25 Jahren als Nethanja-Pastor tätig, seit 15 Jahren in Konda Karakam. Als Dalit hat er ein besonderes Herz für die „Unberührbaren", oft auch „Kastenlose" genannt. Als Supervisor ist er neben seiner Gemeindearbeit noch für etwa 20 Pastoren verantwortlich, seit 2017 ist er zudem Vorsitzender der Nethanja-Pastorengemeinschaft Vizianagaram. Wie er inzwischen weiß, war ausgerechnet in jener Autorikscha jemand aus einer anderen Kirchengemeinde unterwegs, der ohne zu zögern gerne half.

WER NICHT PREDIGEN KANN, SOLL BETEN

Berichtet von PADMAKA RAO

Gestatten, mein Name ist *Padmaka Rao*. Als ich vor 34 Jahren als Evangelist der NETHANJA-Kirche ausgesendet wurde, fiel mir ausgerechnet eine Sache schwer: das Predigen. Ich wusste gar nicht, wie ich all das, was ich über Jesus wusste und schon erfahren hatte, richtig in Worte fassen konnte. Mein Herz war voll, aber meine Zunge war schwer. Darüber war ich sehr traurig.

Bischof Singh sagte zu mir, ich soll einfach das tun, was ich gut kann: für die Menschen beten.

So habe ich mit meiner Frau eine kleine Hütte gebaut und begann damit, für alle zu beten, die auf der Straße vorbeigingen. Und ich ging auch in andere Dschungeldörfer und habe dort einfach angefangen, laut für die Menschen zu beten. Oft wurde ich belächelt, manchmal auch bedroht und fortgeschickt. Aber immer öfter kamen Leute zu mir und wollten, dass ich für sie bete. Vor allem montags, wenn die Leute zum Markt kamen, blieben viele an meiner Hütte stehen und baten mich, für sie zu beten. Das habe ich dann gerne getan – und der Herr hat viele dieser Gebete erhört!

So kamen Menschen zum Glauben und es entstanden mehrere kleine Gemeinden, die sich zum Singen und Beten trafen. Bischof Singh hat dann zu meiner Unterstützung weitere Evangelisten gesandt, die auch besser predigen konnten als ich.

Aber im Lauf der Jahre ist noch etwas geschehen: Gott, der Herr, hat meine Zunge immer mehr gelöst. Und heute fällt es mir gar nicht so schwer, von Gott zu sprechen, Gottes Taten und Worte den Menschen zu bezeugen.

Unsere kleinen christlichen Gemeinden im Dschungel sind wichtig – wie Lichter in der Finsternis. Hier im Dschungel gibt es sie nämlich immer noch sehr häufig: die alten Riten der Zauberpriester und Medizinmänner, die bei den Menschen viel Angst verursachen. Das erleben wir immer wieder. Und zum Teil auch dämonische Besessenheit. Dazu kommt die große materielle Armut vieler Menschen. Da ist es wichtig, die befreiende Nachricht von Jesus zu bringen.

Hier im Dschungel haben wir außerdem einige Probleme mit den Naxaliten. Diese „Freiheitskämpfer" sind eigentlich Terroristen, sie nutzen die Armut und Not der Menschen, um sie für ihren politischen Kampf gegen die Regierung zu gewinnen. Und wir Christen sind ihnen ein Dorn im Auge, weil wir zu Frieden und Versöhnung einladen.

So werden wir Evangelisten und Pastoren immer wieder von ihnen bedroht. Einmal wurde ich in meinem eigenen Haus von einer Gruppe Naxaliten überfallen. Sie nahmen mir alle meine Vorräte weg und sperrten mich in meinem Haus ein. Sie hielten draußen Wache und ließen mich zwei Tage lang nichts essen und nichts trinken. Und sie drohten mir: Erst wenn ich versprechen würde, nie mehr von Jesus zu erzählen, würden sie mich wieder freilassen.

Den Gefallen habe ich ihnen aber nicht getan. Ich betete und sang, ich erzählte den Wächtern einzelne Bibelverse und ganze biblische Geschichten, die ich auswendig kannte. Denn sie hatten mir auch meine Bibel weggenommen. Aber als ihnen die Zeit lang wurde und sie merkten, dass ich nie aufhören würde, meinen Herrn zu bezeugen, gingen sie wieder zurück in den Dschungel.

So kam ich frei und bin bis heute ein Bote meines Herrn! Ja, je mehr wir bedroht werden, desto mutiger gehen wir in die Dörfer, um Jesus zu verkündigen. Wir lassen uns den Mund nicht verbieten, von dem zu erzählen, der unser Leben so spürbar zum Guten hin verändert hat!

Und es gab noch mehr Veränderung: Viele Sympathisanten und auch einige Kämpfer der Naxaliten sind inzwischen für Jesus gewonnen worden. Sie haben ihre Gewehre gegen Bibeln getauscht und gehen so wie wir als Evangelisten und Pastoren in den Dschungel.

Sie wissen, wo und wie die Naxaliten leben. Sie laden diese von Zorn und Terrorgedanken erfüllten Menschen ein, bei Gott Versöhnung und Frieden zu finden.

Und je mehr Naxaliten zu Jesusjüngern werden, desto weniger Furcht haben wir, im Dschungel für Jesus unterwegs zu sein. Manche Naxalitenführer fürchten unsere Evangelisten und ihre Botschaft inzwischen so sehr, dass sie ihren Kämpfern verbieten, in unsere Nähe zu kommen, und wollen, dass sie das Weite zu suchen, wenn sie christliche Lieder hören.

Und weil wir eine wachsende Kirche sind, haben wir im Dschungelgebiet einen eingetragenen Verein gegründet, die

Gudem NETHANJA-*Fellowship.* Damit sind wir offiziell vom Staat registriert und den Behörden bekannt. Denn wir wollen nicht heimlich, sondern öffentlich wirken.

Damit das Licht von Jesus Christus mehr und mehr die Finsternis im Dschungel Indiens vertreibt!

PADMAKA RAO stammt aus Anandapalli im Bundesstaat Odisha (früher Orissa), einem rein christlichen Dorf, was sehr selten ist. Er war in den 1980er-Jahren einer der ersten Bibelschüler in der Dschungelbibelschule. Seither wirkt er als Pastor und Supervisor der NETHANJA-*Kirche im Dschungelgebiet von Gudem im Bundesstaat Andhra Pradesh.*

DER MANN MIT DEM ERHOBENEN ARM

Berichtet von PADMAKA RAO

Unsere kleine Kirche in Gudem steht direkt neben der Hauptstraße nach Sileru. Und über der Straße sieht man die Hauptstromleitung. Der Strom wird in den Kraftwerken des Siler-Staudamms im Dschungel gewonnen und geht in die Städte und Industriezentren in der Küstenebene.

Nach einigen Jahren war wieder einmal eine kleine Baumaßnahme an unserer Kirche nötig – die Monsunregenzeit und die schlechte Qualität der Baumaterialien setzen unseren Gebäuden immer sehr zu.

Weil die Gemeindemitglieder in der Regel sehr arm sind, haben wir kaum Geld, um unsere Kirchen zu unterhalten. Aber wir tun, was wir können. Dieses Mal mussten wir das Dach reparieren, bevor die Regenzeit im Juli einsetzte. Wir haben alles selbst gemacht, so gut es ging.

Penumala Raju aus unserer Gemeinde musste mit einer Eisenstange auf dem Dach hantieren und ist dabei versehentlich an die darüber verlaufende Starkstromleitung gekommen. Er erlitt einen schweren Stromschlag und wurde durch die Wucht vom Dach geschleudert. Benommen und wie gelähmt lag er am Boden.

Wir anderen rannten sofort zu ihm und sahen, dass sein rechter Arm ganz verbrannt und schwarz war. Wir haben ihm dann aufgeholfen und ihn vorsichtig in sein Haus getragen.

Aber dort – kein Mitgefühl. Im Gegenteil: Seine Familie beschimpfte uns und Raju sehr heftig. Sie riefen: „An diesem Unglück bist du selbst schuld! Weil du unsere Götter verlassen hast und dem Christengott dienst, ist dir das zugestoßen!"

Raju war wieder bei Bewusstsein – und er blieb ganz ruhig und geduldig.

Gott sei Dank – die Verletzungen vom Sturz aus der Höhe sind bald wieder geheilt, aber sein verbrannter Arm blieb zwei Jahre lang so stark behindert, dass er ihn nicht hochheben, geschweige denn damit arbeiten konnte. Auch medizinisch konnte Raju leider nicht geholfen werden.

Dann haben wir in der Kirchengemeinde beschlossen, eine besondere Gebetsnacht für diesen behinderten Bruder abzuhalten.

Wir trafen uns freitagabends, als die Sonne unterging, und haben die ganze Nacht über gesungen und gebetet. Wir haben Jesus immer wieder um seine Hilfe und Heilung für Raju angerufen, noch mehr aber haben wir Lieder und Psalmen von der Größe und Güte Gottes gesungen und gebetet. Morgens gab es noch ein gemeinsames Frühstück, dann sind alle wieder nach Hause gegangen. Manche haben an diesem Samstagmorgen gleich mit ihrer Arbeit begonnen, manche haben sich noch ein paar Stunden ins Bett gelegt.

Am nächsten Tag, am Sonntagmorgen, trafen wir uns alle wieder in der Kirche zum Sonntagsgottesdienst. Da trat nach dem gemeinsamen Singen unser Freund und Bruder Penumala Raju nach vorne. Ganz langsam hob er seinen verbrannten Arm ein wenig an – was zwei Jahre lang nicht möglich gewesen war. Wir alle staunten und brachen in ein lautes Halleluja-Rufen aus.

Ich selbst konnte es zuerst gar nicht glauben, obwohl doch auch ich die ganze Nacht dafür gebetet hatte. Tatsächlich wurde sein kranker Arm in der folgenden Zeit langsam kräftiger, sodass er ihn immer besser heben konnte.

Inzwischen ist sein Arm wieder so gesund, dass er ihn gut bewegen kann … und Penumala Raju geht jetzt immer mit erhobener Hand durch die Gegend, um allen Leuten zu zeigen, dass Jesus ihn geheilt hat. Alle Leute kennen ihn inzwischen als den Mann mit dem erhobenen Arm. So ist er ein wichtiger Zeuge für die Kraft unseres Gottes geworden, der unsere Gebete erhört und Wunder tun kann!

GOTT IST STÄRKER

Berichtet von D. JOHNSON

Mein Name ist D. Johnson. Und ich kann sagen: Ja, Gott hat ein großes Wunder in meinem persönlichen Leben getan. Meine Frau *Jyothi* hatte vor einiger Zeit starke Magenschmerzen. Beim wöchentlichen Freitagabendgebet haben wir in der Gemeinde für sie gebetet. Aber als es trotz des Gebets der Gemeinde nicht besser wurde, haben wir entschieden, sie genauer untersuchen zu lassen. Denn wir vertrauen einerseits ganz auf Gottes Heilung, aber wir sehen auch die medizinischen Möglichkeiten als eine Form der Hilfe Gottes.

So sind wir über einhundert Kilometer zu einem guten Krankenhaus gefahren. Dort wurde meine Frau gründlich untersucht. Die Ärzte baten dann meine Frau und mich zu einem Gespräch. Mit ernster Miene sagten sie, dass die Diagnose eindeutig sei: Sie habe eine schwere Krebserkrankung. Ohne eine Chemotherapie sei der Verlauf dieser Krankheit sehr schnell, sie rechneten noch mit etwa drei Monaten Lebenszeit.

Niedergeschlagen reisten wir nach Hause. Dort nahmen wir mit einem Arzt Kontakt auf, der uns versprach, für wenig Geld eine Chemotherapie durchzuführen. Aber dann kam dieser Arzt nicht zur Behandlung, trotz der Absprache. Wir wissen heute noch nicht, warum.

All unsere Hoffnung war dahin. Jyothi war in sehr großer Angst und Sorge. Auch, weil schon ihre Mutter an Leberkrebs gestorben war. Unsere Familie weinte, betete und fastete, auch viele Christen aus der Gemeinde kamen und beteten mit uns, sie versuchten uns zu trösten, indem sie Hoffnungslieder mit uns sangen.

Ich bin dann mit meinen Kindern in den Bus gestiegen und bin zum Missionszentrum gefahren, um mit Bischof Singh zu reden, der für mich ein geistlicher Vater ist. Es war gerade ein ganz ungünstiger Zeitpunkt für den Bischof, eigentlich hatte er gar keine Zeit für mich. Aber er spürte durch den Heiligen Geist, dass ich Hilfe brauchte. So hat er den anderen Termin abgesagt und ich habe ihm alle meine Sorgen erzählt. Ich hatte keine Hemmungen, vor ihm zu weinen, weil ich meine liebe Frau nicht verlieren wollte. Bischof Singh hat mich in den Arm genommen und getröstet.

Es wurde ein langes und gutes Seelsorgegespräch, ohne dass es um Details der Krankheit ging. Vielmehr hat mich Singh ermutigt und gesagt: „Gott ist stärker als der Krebs!"

Aber ich hatte keine Hoffnung mehr und fragte: „Warum sollte Gott stärker sein?"

Der Bischof sagte: „Lass uns eins werden vor Gott im Glauben und im Gebet. Gott ist immer stärker. Wenn es sein Wille ist, kann er heilen. Und wenn nicht, dann bleibt Jyothi doch ganz in seinen Händen!"

Danach schickte er mich zurück zu meiner Frau mit der Aussage: „Jetzt wird Gott seine Arbeit tun. Sei du ruhig und vertraue auf ihn!"

In meinem Herzen konnte ich noch nicht ganz auf Gott vertrauen. Aber das Gespräch und der stellvertretende Glaube meines Bischofs haben mir sehr gutgetan.

Als ich nach Hause kam, waren die Schmerzen bei meiner Frau gerade etwas erträglicher. So bat sie mich, mit ihr zusammen noch einmal ihre Verwandten zu besuchen – solange sie dazu noch die Kraft habe. So machten wir uns auf eine Reise von mehr als dreihundert Kilometern.

Mit unseren christlichen Verwandten haben wir geweint, gebetet und gesungen. Den hinduistischen Verwandten hat Jyothi ein Zeugnis gegeben, wie sie sich auch in Krankheit und Schmerzen ganz von ihrem Herrn Jesus geliebt und in die Arme genommen weiß. Sie bezeugte, dass sie keine Angst vor dem Tod hat, weil Jesus versprochen hat, alle, die an ihn glauben, zu sich in den Himmel zu nehmen.

Auf unserer Reiseroute lag noch ein anderes renommiertes Krankenhaus. Im Vertrauen auf Gott sind wir dorthin gegangen und haben um eine weitere Untersuchung gebeten.

Obwohl wir die bisherige Diagnose schriftlich dabeihatten, hat der behandelnde Arzt sich richtig Zeit genommen und noch einmal alles genau untersucht und eine Probe ans Labor eingeschickt. Nach fünf Tagen war der Laborbefund da, und wir kamen nochmals ins Krankenhaus.

Der Arzt bat uns in sein Behandlungszimmer und sagte: „Das ist ein Wunder, es sind keine Krebszellen mehr nachzuweisen. Sie sind gesund und können getrost nach Hause gehen. Es ist keine weitere Behandlung mehr nötig!" Um sicherzugehen, hat der Arzt einen weiteren Labortest in der Hauptstadt Hyderabad veranlasst, nachdem die früheren Untersuchungen ja so eindeutig die Krebserkrankung festgestellt hatten. Aber auch aus Hyderabad kam dieselbe Nachricht: Es sind keinerlei Krebszellen nachzuweisen!

Wir sind auf die Knie gegangen und haben Gott gedankt. Ja, Gott tut heute noch Wunder. Und dann haben wir in der Gemeinde ein großes Dankfest gefeiert. Meine Frau sagte: „Das ist nun mein dritter Geburtstag. Der erste war, als ich geboren wurde, der zweite, als ich ein Kind Gottes wurde, und jetzt, als Jesus mir noch einmal das Leben geschenkt hat!"

D. JOHNSON arbeitet seit vielen Jahren als Supervisor im Komanapalli-Gebiet (es heißt wirklich so!); nordöstlich vom Missionszentrum Visakhapatnam an der Ostküste Indiens in Andhra Pradesh gelegen. An der Grenze zu Odisha wohnen viele Menschen aus dem Savara-Stamm. Dass dieses Gebiet denselben Namen trägt, wie unsere NETHANJA-Bischöfe Jeevan, Pratap und Singh mit Nachnamen heißen, ist Zufall. Aber es verstärkt die Freude, gerade auch in dieser Gegend das Evangelium durch die NETHANJA-Kirche zu bezeugen.

WIE ERKENNE ICH GOTTES WILLEN?

Berichtet von D. JOHNSON

Unsere Kirchengemeinde in Hiramandalam ist durch Gottes Gnade in den letzten Jahren ständig gewachsen. Wir können immer wieder nur staunen, wie Gott durch unseren schwachen Dienst so großes Wachstum gibt. Denn Beeindruckendes können wir nicht vorweisen. Aber wir leben ganz aus der Liebe Gottes und versuchen diese auch im Alltag weiterzugeben. So kommen immer wieder mir bis dahin fremde Leute in unsere Kirche und nehmen an einem Gottesdienst teil. Und oft werden sie von Gottes Wort und unseren Liedern so bewegt, dass sie wiederkommen und schließlich zum lebendigen Glauben an Jesus Christus finden.

Deshalb platzte nach einiger Zeit unser altes Kirchengebäude aus allen Nähten. Durch die jährliche Monsunzeit mit viel Regen und hoher Luftfeuchtigkeit war zudem die Bausubstanz ziemlich angegriffen. Die ersten Berechnungen eines Architekten für eine neue größere Kirche ergaben die fast unglaublich große Summe von (umgerechnet) zwanzigtausend Euro. Das überstieg nicht nur unsere Vorstellungen, sondern auch unsere finanziellen Möglichkeiten bei Weitem. Zudem sehen wir täglich so viel Not in unseren Dörfern, dass wir, wenn wir so viel Geld hätten, lieber den armen Menschen helfen wollen.

So ging ich ins Gebet und fragte Gott, ob das wirklich sein Wille sein kann, dass wir diese neue Kirche bauen sollen. Und ich machte es so wie Gideon im Alten Testament. Ich erbat mir von Gott ein konkretes Zeichen, dass es wirklich sein Wille ist. In einer der nächsten Nächte hatte ich einen Traum. Ich sah uns im Sonntagsgottesdienst in unserer alten Kirche – und mitten unter den Leuten das Ehepaar *Narsimha* und *Lalita*.

Ich kannte die beiden flüchtig, aber ich wusste, dass Narsimha nicht nur einen Hindu-Götternamen trug, sondern schon immer ein erklärter Gegner unserer christlichen Gemeinde war. Ihn „einfach so" bei uns im Gottesdienst zu sehen – ausgeschlossen.

Als ich morgens erwachte, sagte ich zu Jesus im Gebet: „Also, wenn diese beiden tatsächlich zu uns in den Gottesdienst kommen, dann soll mir das dein Zeichen sein, dass der Kirchenbau wirklich dein Wille ist!"

Gespannt erwartete ich nun den nächsten Sonntagmorgen. Beim letzten Lied vor der Predigt sah ich, wer da zögernd zur Türe hereinkam und sich ganz hinten unauffällig auf den Boden setzte – es war das Ehepaar, von dem ich geträumt hatte: Narsimha und Lalita.

Ich war überwältigt und weiß gar nicht mehr, was ich in der Predigt und beim Schlussgebet gesagt habe. Doch am Ende des Gottesdienstes kamen die beiden sogar nach vorne, um sich von mir segnen zu lassen. Ich spürte förmlich die Kraft des Heiligen Geistes, als ich ihnen die Hände auflegte. Danach nahmen sie noch am Mittagessen der Gemeinde teil und verabschiedeten sich dankbar.

Ich war überwältigt und besprach mich am selben Tag mit den Gemeindeältesten. Ich sagte zu ihnen: „Heute wurden mir von Jesus drei Erkenntnisse geschenkt: 1. Wir dürfen uns von Gott Zeichen erbitten, um seinen Willen zu erkennen! 2. Wir sollen mit dem Bau der neuen Kirche beginnen! 3. Ich werde diese Woche das Ehepaar Narsimha und Lalita besuchen!"

Bei meinem Besuch wurde ich sehr freundlich empfangen. Aber ich war entsetzt, wie ärmlich es in ihrer Hütte aussah. Nach einigen höflichen Worten fragte ich die beiden dann ganz direkt, was sie dazu gebracht hatte, dass sie in den Gottesdienst gekommen waren.

Da berichteten sie mir: Sie hatten an diesem Sonntagmorgen ihre kleine Ernte an Dal-Linsen frühmorgens auf den Markt gebracht, um sie dort zu verkaufen. Aber keiner wollte bei ihnen kaufen. Als es gegen elf Uhr richtig heiß wurde und Kunden wie Händler den Markt verließen, waren sie sehr verzweifelt. Da sagte Lalita zu ihrem Mann: „Ich habe so großen Hunger! Lass uns zum Gottesdienst der Christen gehen. Da bekommen wir am Ende wenigstens ein Mittagessen!"

Widerwillig, aber seiner Frau zuliebe ging Narsimha mit. Die Predigt fand er recht interessant, doch als ich beim Fürbittengebet am Ende für die Verfolgten und dann, wie bei uns üblich, auch für die indische Regierung gebetet habe, obwohl die nicht gerade als christenfreundlich bekannt ist, da wurde er innerlich so bewegt, dass er am Ende nach vorne kam, um sich segnen zu lassen.

Von da an sahen wir uns oft. Die beiden kamen nun jeden Sonntag zum Gottesdienst und ich besuchte sie immer wieder. Schließlich kamen sie zum Glauben an Jesus Christus und konnten auch manches in ihrem Leben in Ordnung bringen. Und sie fanden langsam aus ihrer Armut heraus.

In der Gemeinde ging es weiter, und die beiden gehörten nun dazu.

Nach ein paar Wochen kamen Regierungsbeamte in unseren Ort und besuchten alle Familien. Sie erklärten uns, dass genau hier, wo wir alle wohnten, ein großes Staudammprojekt geplant sei und wir umziehen müssten. Aber der Staat würde uns nicht nur neue Grundstücke in einer neuen Dorfsiedlung überlassen, sondern auch für den Verlust unserer Häuser und Hütten entschädigen. Mir boten sie für die alte Kirche und das Pfarrhaus (umgerechnet) zehntausend Euro an. Mit diesem Geld und dem, was andere Gemeindeglieder aus ihrer Entschädigung spendeten, haben wir dann mit vereinten Kräften unsere neue größere Kirche gebaut.

Nach genau zwölf Monaten konnten wir die festliche Einweihung begehen. Zu diesem Anlass kam auch unser Bischof Singh – und am selben Tag wurden auch Narsimha und Lalita getauft.

DAS KRANKENLAGER IN DER KIRCHE

Berichtet von PULLAJA

Offiziell ist das Kastenwesen in Indien seit 1949 abgeschafft – aber wir haben immer noch damit zu tun.

Sita Rama Raja ist eins unserer Gemeindeglieder, das aus der „Königskaste" stammt, also der zweitobersten Kaste Indiens. Das ist in Indien sehr selten, dass Menschen aus den oberen Kasten zu Jesus finden. Besonders in der NETHANJA-Kirche gibt es sehr wenige, vielleicht weil wir uns besonders den „Kastenlosen" und Stammesleuten zuwenden, die von den hochkastigen Hindus verachtet werden. Zudem sind wir Pastoren fast alle ebenfalls Dalits oder Stammesleute: Von solchen möchte sich keiner aus den höheren Kasten etwas sagen lassen, noch nicht einmal die Frohe Botschaft von Jesus.

Doch Sita Rama Raja kam vor elf Jahren zum Glauben an Jesus Christus. Deshalb wurde er aus seiner Familie ausgestoßen und oft von seinen eigenen Verwandten geschlagen, weil sie es nicht akzeptieren konnten, dass er kein Hindu mehr war.

Rama Raja baute sich eine kleine Hütte, in der er einigermaßen leben konnte; er hatte es sehr schwer und war oft einsam. Aber er hielt sich treu zur NETHANJA-Gemeinde und wurde in seinem Glauben immer fester und tiefer. Die Gemeinschaft mit den Christen tat ihm gut, die Predigten stärkten ihn jeden Sonntag, die Lieder ermutigten ihn und oft sah man ihn fröhlich mitsingen.

Nur manchmal lag ein Schatten auf seinem Gesicht. Er sagte zu mir: „Weißt du, ich fühle mich bei euch so wohl und so angenommen. Aber ich vermisse meine Familie doch sehr. Und wie sehr wünschte ich, dass auch sie Jesus kennenlernen."

Ich verstand ihn gut, denn bei uns in Indien hat die Familie eine sehr wichtige Bedeutung im Leben. Ohne deine Familie, die dich beschützt und für dich sorgt, bist du in Indien nur ein halber Mensch.

Vor einem Jahr wurde Rama Raja schwer krank und wurde von Lähmungen geplagt. Er konnte nicht für sich selbst sorgen. Und so fasste er sich ein Herz und wandte sich in seiner Not an seine Familie, die ihn ausgestoßen hatte, und bat um Hilfe. Seine Verwandten aber wiesen ihn schroff ab und sagten zu ihm: „Wir helfen dir nicht. Geh doch zu dem Gott, an den du glaubst. Der soll dir helfen!"

Enttäuscht kam er zu uns in die Gemeinde. Wir trugen rasch sein Bett aus seinem Haus in die Kirche. Und so wohnte er in seiner Schwäche notdürftig einen Monat lang in der Kirche, weil er nirgends mehr zu Hause sein konnte. Weil wir direkt daneben wohnen, brachten meine Frau und ich ihm jeden Tag zu essen und wir hatten viel Zeit, um miteinander zu reden und zu beten.

Ich war ganz erstaunt, dass dieser so geschwächte Mann immer noch ein so starkes Vertrauen auf Gottes Hilfe hatte. Wie in den meisten NETHANJA-Gemeinden treffen sich auch bei uns die Christen jeden Freitagabend in der Kirche, um miteinander zu beten. Weil Rama Raja sowieso in der Kirche lebte, beteten wir an diesen Freitagen nur noch für ihn, für seine Genesung und für seine Familie.

Nach vier Freitagabendgebeten erhörte Gott unser Beten und Rama Raja wurde langsam wieder gesund. Die Lähmung ließ nach, allmählich kam er wieder zu Kräften. Bald konnte er sein Notquartier in der Kirche verlassen und in seine Hütte zurückkehren, denn er brauchte keine Hilfe mehr.

Voller Dankbarkeit gegenüber Gott ging Rama Raja zu seiner Familie und berichtete ihnen von dem Wunder, das Gott an ihm getan hatte.

Aufmerksam und interessiert hörten sie ihm diesmal zu. Von Ablehnung war gar nichts mehr zu spüren. Im Gegenteil, immer wieder musste er ihnen von Jesus, von den Gebeten und von seiner Heilung erzählen. Dadurch kamen acht Leute aus seiner Familie zum Glauben an Jesus Christus. Rama Raja war erstaunt, dass es wohl gerade seine schwere Krankheit war, in der seine Familie Gottes Handeln an ihm erkannte. Und so auch zum Glauben an Jesus gekommen war.

Im Nachhinein dankte er Gott für diese persönliche Leidenszeit, weil dadurch eine Heilszeit für seine Familie begonnen hatte. An Ostern wurden schließlich sein Sohn und seine Schwiegertochter getauft. Und Sita Rama Raja wohnt wieder zu Hause – bei seiner Familie.

PULLAJA aus dem neuen Bundesstaat Telangana, der sich vor einigen Jahren von Andhra Pradesh abgespalten hat, ist seit 38 Jahren Pastor der NETHANJA-Kirche. Er war der erste ordi-

nierte Pastor in seiner Gegend Penuballi. Er hat schon viel mit Jesus erlebt.

EIN SOHN KEHRT ZURÜCK

Berichtet von SUGUNA RAO

Raju ist mit mehreren Geschwistern aufgewachsen. Seine Familie nimmt den Hindu-Glauben sehr ernst und hat die Kinder in alle Feste und Riten mit hineingenommen. Raju aber blieb immer schwankend zwischen Begeisterung und Distanz zur Religion. Als junger Mann erlebte er einige Enttäuschungen – und er beschloss, die Götter, vor allem aber Shiva, gnädig zu stimmen, damit es ihm im Leben besser gehe. Er tat alles, was er dachte, tun zu müssen: Vierzig Tage lang lebte er nun als heiliger Mann, trug ausschließlich schwarze Kleidung und blieb gegenüber allen Genüssen enthaltsam. Tag und Nacht war er in Meditationen versunken und hoffte, so der göttlichen Reinheit näherzukommen. Wer mit ihm in dieser Zeit reden wollte, musste ihn auf besondere Weise ansprechen.

Als diese Zeit um war, machte er sich auf den Weg zum Shiva-Tempel, um dort noch ein Gelübde zu erfüllen, um sich kultisch zu reinigen und von einem Priester die Haare schneiden zu lassen.

Doch – danach kam Raju nicht nach Hause, sondern blieb wochenlang verschwunden.

Die Familie machte sich zunehmend Sorgen. Zusätzlich zu den üblichen morgendlichen Gebeten am kleinen Götterschrein in ihrem Haus gingen sie täglich zum Shiva-Tempel und brachten Opfer dar, um die Götter für die Rückkehr ihres Sohnes zu bitten. Blumen, Obst und Geld brachten sie den Priestern. Aber es half alles nichts.

Die Eltern und die ganze Familie waren verzweifelt. Und obwohl sie keine Christen waren, kamen sie schließlich in ihrer Not zu mir, weil sie mich als Pastor kannten, der in Höhen und Tiefen auf Gott vertraut. Sie baten mich, für ihren Sohn und seine gesunde Heimkehr zu beten. Ich fragte sie, ob sie denn glauben, dass Jesus helfen kann. Wie ein Ertrinkender, der nach einem Ast am Ufer greift, sagten sie, dass sie keine andere Hilfe mehr kannten.

So habe ich mit ihnen gemeinsam gebetet, dass Raju durch Gott bewahrt bleibt und zur rechten Zeit nach Hause kommt. Mit einem Funken neuer Hoffnung ging die Familie wieder – und kam drei Tage später zu uns in den Gottesdienst. Mit offenen Augen und Ohren hörten sie unsere Lieder und Gebete und vor allem die gute Botschaft von Jesus, der sich wie ein guter Hirte ganz persönlich um jeden Einzelnen kümmert, vor allem um die verlorenen Schafe.

Nach dem Gottesdienst, als die Gemeinde noch gemeinsam Reis und Chickencurry aß, bat Rajus Familie mich noch einmal, für ihren verlorenen Sohn zu beten. Das habe ich sehr gerne getan.

Und das Wunder geschah: Am nächsten Tag stand plötzlich Raju vor ihrer Türe. Wo er so lange geblieben war, hat er nie erzählt, aber er war gerne wieder daheim in seiner Familie.

Und alle kamen nun jeden Sonntag zum Gottesdienst und fanden schließlich zum Glauben an Jesus Christus.

Kurz darauf kam eine andere Hindu-Familie zu uns und sagte: „Wir haben gehört, dass durch eure Gebete Raju wieder nach Hause zurückgekehrt ist. Unser Sohn ist schon seit zwölf Jahren verschwunden. Könnt ihr bitte auch für unseren Sohn beten, dass er wieder heimkommt?"

Ich sagte, dass wir gerne dafür beten, aber dass es keinen Automatismus gibt. Dass es darum geht, auf Jesus zu vertrauen. Wir haben dann in jedem Gebetsabend der Gemeinde, der jeden Freitag stattfindet, für diesen verschwundenen Sohn und seine Familie gebetet. Und auch dieses Wunder geschah: Nach einigen Wochen kam der junge Mann tatsächlich zurück. Diese Nachricht verbreitete sich in Windeseile im ganzen Dorf und viele Menschen kamen dadurch zum Glauben an Jesus.

Das bringt radikale Hindus gegen uns Christen auf. Sie bedrohen uns und bezichtigen uns, wir hätten das alles mit den vermissten Söhnen nur fingiert. Sie verleumden uns, wir hätten diese jungen Leute entführt und im Wald versteckt, um die Familien zu zwingen, dass wir für sie beten. Danach hätten wir sie aus dem Versteck geholt und ihren Familien präsentiert, und das dann für ein Wunder erklärt. So haben sie uns bei der Polizei als Entführer und Betrüger angezeigt. Das sind natürlich alles bösartige Lügen, aber mit solchen Problemen müssen wir rechnen, wenn wir Jesus nachfolgen und verkündigen. Doch wenn Jesus so große Wunder tun kann, dann wird er uns auch jetzt nicht alleine lassen!

SUGUNA RAO freut sich, dass er im Jahr 2017 Deutschland besuchen konnte. Zusammen mit Bischof Singh und anderen

NETHANJA-Mitarbeitern hat er mehrere Kirchengemeinden in Deutschland besucht. In Indien ist er Pastor und Supervisor und erlebt nach eigener Aussage als Christ große Wunder, aber auch große Probleme – wie die eben geschilderten.

WIE EINE LOTOSBLÜTE UNTER DORNEN

Berichtet von PRASAD

Mein Name ist *Prasad* und ich liebe unsere Gemeinde. Sie ist für mich „wie eine Lotosblüte unter Dornen" (Hoheslied 2,2). Ja, so erleben wir uns als christliche Gemeinde mitten im indischen Dschungel. Wie spitze Dornen, die uns bedrohen und verletzen wollen, gibt es Gegner, Terroristen, gefährliche Dschungeltiere und auch Krankheiten. Doch wie eine schöne Blüte blüht und wirkt Gottes Wort in unserem täglichen Leben und wird oft ganz aktuell, obwohl die Bibel schon Jahrtausende alt ist. Davon möchte ich anhand von ein paar Begebenheiten der letzten Monate erzählen.

RUFE MICH AN IN DER NOT.
PSALM 50,15

Prakash und *Shanti* sind ein Ehepaar und gehören beide zu einer kleinen NETHANJA-Gemeinde. Sie leben in einem Dschungeldorf mitten unter Stammesleuten und werden als religiöse Minderheit oft von der ganzen Dorfgemeinschaft benachteiligt. Ihnen wird verboten, am öffentlichen

Brunnen ihr Wasser zu holen, sie dürfen ihre zwei Ziegen nicht auf der kommunalen Viehweide grasen lassen, zu Festen im Dorf oder in der Nachbarschaft werden sie nicht eingeladen. Und neulich wurden sie bestohlen.

An einem langen und mühsamen Arbeitstag hatten sie ihre Chili-Ernte eingebracht. Kurz nach Sonnenuntergang legten sie sich schlafen, denn sie wollten am nächsten Morgen schon früh die ganze Ernte in den drei Säcken zum Markt der nächsten größeren Dschungelstadt bringen und dort verkaufen, um endlich ihre Schulden bezahlen zu können. Doch in der Nacht kamen Diebe und stahlen alle Säcke. Am nächsten Tag suchten die beiden vergeblich danach. Keiner im Dorf konnte oder wollte ihnen helfen. Die Säcke blieben verschwunden.

Prakash und Shanti waren am Boden zerstört und wussten nicht, wie es weitergehen sollte. So riefen sie mich an und baten mich, zu ihnen zu kommen, um sie zu trösten und mit ihnen zu beten. Ich sagte zu, schlug aber vor, uns in der kleinen Kirche auf dem Hügel außerhalb ihres Dorfs zu treffen, um dort gemeinsam zu Gott um Hilfe zu beten.

Am nächsten Morgen machten sich die beiden auf den Weg zur Kirche. Sie gingen den schmalen steilen Pfad hinauf – und auf einmal sahen sie im Gebüsch neben dem Weg ihre drei Chili-Säcke liegen. Auf der nächtlichen Flucht aus dem Dorf war den Dieben offensichtlich die Last zu schwer geworden. Als ich zur Kirche kam, konnten wir nur noch gemeinsam Gott die Ehre geben und für seine Hilfe danken.

SEID KLUG WIE DIE SCHLANGEN.
MATTHÄUS 10,16

Die terroristischen Naxaliten machen uns immer wieder das Leben schwer. Sie versuchen die Herrschaft im Dschungelgebiet an sich zu reißen und verbieten uns NETHANJA-Pastoren unter stärksten Drohungen den Kontakt zur Polizei. Am 21. Dezember 2017 bekam ich jedoch einen Anruf mit der Aufforderung, mich auf dem Polizeiposten unserer Dschungelstadt zu melden, und zwar noch am selben Tag. Beklommen ging ich hin, ohne zu wissen, was der Grund für die Vorladung war.

Was tun, wie mich verhalten, um korrekt zu sein und gleichzeitig die NETHANJA-Arbeit nicht zu gefährden? Ich bat Gott um Weisheit.

Auf dem Posten empfing mich der Polizeichef freundlich. Er bot mir eine Tasse Tee an und sagte dann: „Ihr Christen feiert doch demnächst Weihnachten. Wir werden hier auf unserem Posten auch eine kleine Feier machen und da wollte ich Sie bitten, zu uns zu kommen. Als christlicher Pastor sollen Sie unser Ehrengast sein und den Festtagskuchen anschneiden! Was halten Sie davon?"

Mir wurde kalt und heiß zugleich. Sehr gerne wollte ich diese Einladung annehmen und dabei meinen Herrn Jesus bezeugen. Aber die Wahrscheinlichkeit, dass die Naxaliten davon erfuhren, war sehr groß, denn es gibt viele Spitzel in der Stadt. Dann allerdings könnte es sein, dass die Naxaliten mich töten würden.

Ich wusste nicht, was ich tun sollte. Gerne wollte ich natürlich diese Gelegenheit nutzen, den Polizisten von Jesus zu erzählen. Sie sollten auch nicht, wenn ich absage, denken, dass ich ein Unterstützer der Naxaliten wäre. In dieser Situation war Klugheit gefragt!

Schließlich bin ich an Heiligabend im Vertrauen auf Jesus zum Polizeiposten gegangen, habe feierlich den Kuchen angeschnitten und dann von Gottes Liebe erzählt, die sich gerade in der Geburt seines Sohnes zeigt. Währenddessen waren viele unserer Gemeindeglieder in der Kirche zusammengekommen, um für diese besondere Situation nach beiden Seiten hin zu beten.

Ohne Zwischenfall kam ich ein paar Stunden später zurück und wir haben dann den Weihnachtsgottesdienst gefeiert. Am nächsten Tag bekam ich eine Botschaft von den Naxaliten. Sie schrieben mir: „Wir wissen genau, dass du bei der Polizei warst." Und dann kam der fast unglaubliche Zusatz: „Aber wir vertrauen dir und wissen, dass du kein Verräter bist. Es war in Ordnung, dass du dort den Geburtstag von eurem Jesus gefeiert hast."

ICH BIN DER HERR, DEIN ARZT.
2. MOSE 15,26

Bei einer Frau aus unserer Gemeinde wurde durch den Arzt ein Magentumor festgestellt. Weil alles ganz schnell gehen musste, wurde der Operationstermin schon auf den folgenden Montag festgesetzt. Am Sonntag zuvor kam die Familie wie immer in den Gottesdienst. Als wir während der Lobpreiszeit die Dank- und Bittopfer einsammelten, kam das Ehepaar auf einmal nach vorne und legte einen großen Geldbetrag auf den Kollektenteller. Ich staunte, aber fragte nicht nach, sondern sprach dem Paar unter Handauflegung Gottes Segen zu.

Nach dem Gottesdienst kamen sie zu mir und sagten: „Morgen soll die Operation stattfinden. Wir hatten heute bereits das Geld bei uns, das wir morgen im Krankenhaus für die Operation benötigen. Doch Gott sagte während der Gebetszeit zu uns beiden, wir könnten das Geld heute schon geben, und zwar hier in die Sammlung für die Bedürftigen. Deshalb haben wir das getan und sind gespannt, was der morgige Tag bringen wird!"

Ich sprach ihnen noch einmal Gottes Segen zu, dann gingen sie mit einem tiefen Frieden im Herzen in ihr Haus. Am nächsten Morgen kamen sie ins Krankenhaus, wo die Frau vor der Operation noch einmal mit dem Ultraschallgerät untersucht wurde, um den Tumor in ihrem Magen genau zu lokalisieren. Aber der Arzt sagte nach eingehender Untersuchung: „Es ist kein Tumor mehr da! Da gibt es nichts zu operieren. Sie können nach Hause gehen!"

Am Sonntag darauf standen die beiden im Gottesdienst vorne und bekannten: „Jesus ist der Arzt der Ärzte! Dieser nicht sichtbare Arzt ist besser als alle anderen, denn er hat die Krankheit besiegt. Ihm geben wir die Ehre!"

SIE WERDEN SCHLANGEN MIT DEN HÄNDEN HOCHHEBEN.
MARKUS 16,18

Eines Tages, als ich gerade mit meiner Frau und meinen beiden jüngeren Söhnen im Haus war, hörten wir ein seltsames Geräusch. Mein Sohn schaute nach und kam schreiend zurück: „In unserer Küche ist eine Kobra!" Sofort rannten wir alle aus dem Haus und machten die Türe hinter uns zu. Ich rief alle Nachbarn zusammen und fragte, wer sich mit Schlangen auskannte und die Kobra töten könnte.

Aber keiner hatte den Mut, in unser Haus zu gehen und die Schlange zu beseitigen. Nachdem wir ein paar Stunden in großer Aufregung draußen gestanden hatten und überlegten, was wir tun konnten, merkte ich, dass es bald dunkel wurde.

Weil es dann noch gefährlicher wäre und wir schließlich die Nacht nicht vor dem Haus zubringen wollten, betete ich zum Herrn um seine Hilfe und ging, mit einem Knüppel bewaffnet, ins Haus. Ich fand die Schlange und war schnell genug, sie mit einem gezielten Schlag auf den Kopf zu töten. Als ich das tote Tier hinaustrug, dachte ich an den Herrn Jesus, der zu seinen Jüngern sagte, wer an ihn glaubt, der wird sogar Schlangen mit den Händen hochheben, ohne dass sie ihm schaden.

Wie sehr wir von Gott bewahrt wurden, machten wir uns beim gemeinsamen Abendgebet klar. Denn wäre diese Kobra bei Nacht gekommen, wären wir alle in Todesgefahr gewesen.

PRASAD war vor dreißig Jahren einer der ersten Bibelschüler der neu gegründeten Bibelschule im Missionszentrum in Visakhapatnam. Seither dient er Gott treu im Gemeindedienst als Pastor und Supervisor in Chintapalli, einem kleinen Städtchen im Dschungelgebiet.

DER NAME JESUS BEFREIT

Berichtet von AMOS

Nicht weit von unserer Kirche entfernt wohnt eine Familie aus dem geschützt lebenden Stamm der Bonda, die das Reservat verlassen hat, weil sie meinte, hier in der Ebene mehr Geld verdienen zu können. Die Eltern waren Zauberer und boten ihre magischen Künste allen an, die eine Krankheit oder einen vermeintlichen Fluch besiegen wollten.

Doch der Geist, der sie zur Wahrsagerei befähigte, wurde ihnen immer mehr zur Last. Sie wirkten oft selbst wie besessen, komische Laute drangen aus ihren Kehlen und die Leute gingen kaum noch zu ihnen, weil sie Angst vor den beiden hatten.

So kam es, dass die beiden für sich und ihre Kinder nicht mehr genug zu essen hatten. In ihr altes Dorf im Reservat wollten sie nicht mehr zurück, aber hier bei uns sahen sie auch keine Zukunft. Unterernährt, wie sie waren, wurden sie auch noch krank. Eines Tages sahen sie keine andere Möglichkeit mehr, als dass sie eines ihrer Kinder opfern müssten, um wieder gesund zu werden. Das haben Nachbarn mitbekommen und mir berichtet.

Nach einem kurzen Gebet zu Jesus mit der Bitte um seine Hilfe bin ich sofort zu dieser Familie gegangen und habe ihnen angeboten, für sie zu beten – und sie stimmten zu. Es wurde ein langes Gebet, in dem ich oft den Namen unseres Herrn Jesus über ihnen ausrief und in seinem Namen den finsteren Mächten gebot, diese Menschen zu verlassen. Ich bat auch um Heilung und um eine Zukunft für die ganze Familie. Und der Herr hat dieses Gebet erhört. Das Ehepaar wurde frei und gesund. Sie staunten über die Macht des Herrn Jesus und vertrauten sich ihm ganz an. So wurden sie Christen und ließen sich taufen. Sie gehören nun zu unserer Gemeinde und leben nicht mehr isoliert. Sogar die Nachbarn, die sich bisher vor ihnen gefürchtet hatten, sind ganz erstaunt, wie sehr sich die beiden verändert haben. Freundlich begegnen sie allen, die sich bisher vor ihnen gefürchtet haben. Rings um ihre Hütte sieht es nun gepflegt aus und die Eltern arbeiten als Tagelöhner. So können sie für sich und ihre Kinder gut sorgen, ohne dadurch Angst und Schrecken zu verbreiten. Jesus hat sie befreit.

EIN HANDY WIRD ZUR HAND GOTTES

Vor acht Monaten ist Folgendes passiert: Eine Familie, die in der radikalen Hindu-Bewegung engagiert ist, hat mehrere Töchter und einen Sohn. Doch dieser einzige Sohn war an Gelbsucht erkrankt. Im Krankenhaus konnten sie nicht mehr helfen, und so wurde die Familie nach Hause geschickt, dass der Junge dort stirbt. Die Verzweiflung war groß und alle Verwandten kamen, um die Familie zu trösten.

Einer der Verwandten ist ein junger Mann, der früher in unserem Nethanja-Kinderheim gewesen ist. Damals hatte er am eigenen Leib erlebt, wie er durch unsere Gebete von einer schweren Krankheit geheilt wurde. Deshalb erzählte er der hoffnungslosen Familie, was er einst erlebt hatte, und sagte ihnen, sie sollten mich anrufen, weil ich im Namen des Herrn Jesus helfen könne, sogar wenn sie Hindus sind. Da sie nicht mehr ein noch aus wussten, haben sie diesen Rat sofort befolgt. Sie riefen mich an und nachdem ich – weit entfernt – am Handy erfuhr, worum es ging, habe ich am Telefon für das kranke Kind gebetet. Die Familie stellte mein Gebet durch den Lautsprecher des Telefons für alle laut hörbar, und auf einmal ging es dem Kind besser. Nach diesem Telefonat brachten sie ihren Sohn nochmals zum Arzt und der stellte staunend fest, dass der Junge keine Gelbsuchtsymptome mehr hatte.

Die Familie war so glücklich über diese Heilung, dass sie zu mir in die Kirche kamen und ihren Sohn im Gottesdienst öffentlich Jesus anvertraut haben. Und sie haben vielen Menschen erzählt: „Keine Medikamente haben unserem Sohn geholfen, sondern nur der Name Jesus!"

Und noch ein anderes Mal hat Jesus durch das Telefon geholfen: In einer anderen Hindu-Familie war die Ehefrau schon eine Weile heimlich Christin. Aber ihr Mann wollte von Jesus nichts wissen und verbot ihr, an Jesus zu glauben. Dann wurde er schwer krank. Da hat die Frau mich angerufen und gebeten, dass ich komme. Weil es aber zu weit entfernt war, habe ich mit meiner Frau zusammen für diesen Mann am Telefon gebetet und Lieder gesungen. Die Frau hat das Handy an das Ohr ihres kranken Mannes gehalten – und er wurde durch die Lieder und Gebete gesund. Seither kommt die ganze Familie in den Gottesdienst.

DAS GEWEHR IN DER KIRCHE

Einer unserer Pastoren heißt *Narendra*. Als er zu Hause war und sich auf den nächsten Gottesdienst vorbereitete, hörte er von der Türe her ein stöhnendes Rufen. Er ging an die Tür und sah einen schwer blutenden Mann. Ohne viel Worte zu machen, begann Narendra, den Mann auf sein Bett zu legen, die Wunden auszuwaschen und zu verbinden. Er gab ihm auch eine Schmerztablette und kurz darauf schlief der Mann erschöpft ein.

Währenddessen rief Narendra einige Christen aus der Gemeinde zusammen. Gemeinsam standen und knieten sie um das Bett, auf dem der Schwerverletzte lag. Sie sangen Glaubenslieder und beteten, dass Jesus den Mann heilen möge. Einige Tage später erholte sich der Mann zusehends und erzählte Narendra dann seine Geschichte.

Schon von Jugend auf war er kriminell gewesen, erst als Dieb, später mit bewaffneten Raubüberfällen. Bei seinem letzten Raubzug wurde er aber selbst durch eine Schusswaffe verletzt und konnte sich gerade noch zum Haus des Pastors retten. Er wusste nämlich, dass die Christen immer hilfsbereit sind.

Durch lange Gespräche und einige Gottesdienstbesuche kam er zum Glauben an Jesus Christus und beichtete Narendra alle seine Vergehen. Er schwor seiner kriminellen Vergangenheit ab und begann ein neues Leben. Er bekam auch mit, dass die kleine Gemeinde schon lange versucht, Geld zu sammeln, um eine fest gemauerte kleine Kirche zu bauen, weil die bisherige Hütte baufällig und zu klein war. So spendete er aus seinem Besitz einen ansehnlichen Betrag, sodass eine Kirche gebaut werden konnte. Zur Erinnerung daran ist nun dort zu Gottes Ehre sein altes, unbrauchbar gemachtes Gewehr ausgestellt.

AMOS arbeitet seit 27 Jahren als Pastor und Supervisor in Gumma, im Nachbarbundesstaat Odisha. Dort spricht man Oriya, eine völlig andere Sprache als das Telugu in Andhra Pradesh. Weil Amos im Grenzgebiet aufgewachsen ist, spricht er beide Sprachen fließend. In seinem Gebiet lebt der Ureinwohnerstamm der Berg-Bondas. Der Staat hat ihnen ein geschütztes Reservat zugesprochen, das nur Bondas betreten dürfen. Sie kommen donnerstags immer nach Gumma zum Markt, wo sie ihre Früchte und Gewürze verkaufen und sich mit anderen Waren eindecken. Deshalb feiert Amos mit seiner Gemeinde immer donnerstags Gottesdienst, damit die Christen unter den Berg-Bondas daran teilnehmen können. Amos ist ein strahlender Mann, der übersprudelnd von dem berichtet, wie Gott wirkt – auch bei den Bondaleuten.

MIT FREUDEN ERNTEN

Berichtet von KRISTU DASU

Er ist wahr, dieser Psalmvers: Die mit Tränen säen, werden mit Freuden ernten (Psalm 126,5). Wir erleben Wunder – oft durch Leiden hindurch.

In meiner Gemeinde mache ich viele Besuche. Weil die Christen oft aus ihren Familien ausgestoßen werden und manchmal auch in ihrer Nachbarschaft schlecht behandelt werden, tut es gut, wenn ich die Gläubigen ermutigen und mit ihnen beten kann.

So besuchte ich wieder einmal das Haus einer Witwe, die zu unseren Gottesdiensten kommt. Ihr einziger Sohn *Sati Babu*, der gerade mit der Schule fertig war, lag schwer krank in der Hütte. Seine Mutter saß weinend neben dem Bett des Sohnes. Unter Tränen sagte sie mir, dass er an der Niere krank sei und dringend zur Dialyse müsse. Der Arzt habe ihr schon erklärt, dass Sati Babu ohne Dialyse nur noch maximal sechs Monate zu leben habe. „Aber", rief die Mutter laut, „mein weniges Geld reicht nur für fünf Mal Dialyse-Behandlung aus. Danach muss mein Sohn sterben!"

Ich holte meine Bibel aus der Tasche und las ihr die Geschichte vor, wie Jesus den einzigen Sohn einer Witwe sogar vom Tod auferweckt hat. Das hat ihr neuen Mut gegeben. Ich habe sie eingeladen, jede Woche außer zum Gottesdienst auch noch zum Frauenkreis in der Gemeinde zu kommen. Meiner Frau, die den Frauenkreis leitet, habe ich davon berichtet. Sie konnte die Frauen schnell dafür gewinnen, dass von nun an bei jedem Treffen für die Witwe und ihren Sohn Sati Babu gebetet wurde. Und Gott hat diese Gebete erhört. Nach und nach wurde Sati Babu wieder gesund, entgegen dem Urteil der Ärzte, und das ganz ohne Dialyse. Er konnte eine Berufsausbildung machen und verdient inzwischen so gut, dass er für sich und seine Mutter sorgen kann.

Und Jesus sorgt auch für uns als Pastorenehepaar: Vor einiger Zeit war ich zusammen mit meiner Frau auf meinem Motorrad unterwegs zu einem Hauskreis. Wir hatten eine gesegnete Gemeinschaft mit den Geschwistern in einem anderen Dorf. Spät in der Dunkelheit machten wir uns auf die Rückfahrt. Aber bei uns in Indien sind die Straßen im Hinterland sehr gefährlich. Sie sind nicht asphaltiert, ohne Beleuchtung und ohne Leitpfosten.

Obwohl ich ein vorsichtiger Fahrer bin, weil ja meine Frau hinten wegen ihres Saris seitlich auf der Bank sitzt, konnte ich es nicht vermeiden, dass wir in ein großes Loch auf der Straße fuhren.

Wir stürzten schwer und meine Frau schrie laut auf. Im Schein meiner Taschenlampe kroch ich zu ihr und sah sofort, dass ihr Bein gebrochen war. Weil das vordere Rad am Motorrad verbogen war, musste ich es liegen lassen und habe meine Frau zur nächsten Hütte getragen. Dort fand ich einen freundlichen Helfer und gemeinsam trugen wir meine Frau bis zur nächsten Stadt, wo es ein kleines Krankenhaus gibt. Meine Frau wurde untersucht, dann wurde uns gesagt, dass in zwei Tagen die Operation sei. Aber solche Operationen kosten viel – und als Christen sind wir von der staatlichen Beihilfe für ärmere Menschen ausgeschlossen. Wir bekommen im Gegensatz zu allen anderen keine kostenlose Behandlung in staatlichen Krankenhäusern. Und Pastoren verdienen so wenig, dass ich eine solche Operation nie bezahlen könnte.

Ich habe mir solche Sorgen um meine Frau gemacht! Deshalb bin ich mit dem Bus zu Bischof Singh ins Missionszentrum Visakhapatnam gefahren, um mit ihm zu beten. Das haben wir dann auch miteinander getan. Dann verabschiedete mich Bischof Singh mit dem Bibelwort: „Der Herr wird seinen Engel vor dir her senden!"

Mit dieser Stärkung bin ich wieder zurück ins Krankenhaus zu meiner Frau gefahren. Ich erzählte ihr von unserem Gebet und dem Wort des Bischofs. Und mitten in unserem Gespräch kam ein Arzt ins Zimmer. Er sah mich an und sagte: „Ich kenne dich! Du bist doch ein Pastor der NETHANJA-Kirche!"

Ich war erstaunt, wusste aber zunächst nicht, ob das für uns nun gut oder schlecht ist.

Der Arzt fuhr fort: „Weißt du, ich bin auch Christ. Ich werde deine Frau morgen kostenlos operieren. Denn es ist schön, wenn sich Kinder Gottes gegenseitig helfen können!"

Mit Tränen in den Augen dankten wir dem Arzt und unserem großen Gott. Ja, er hatte uns einen Engel geschickt!

KRISTU DASU ist ein ruhiger und treuer Pastor der NETHANJA-Kirche und arbeitet in einem Stadtrandgebiet der Großstadt

Visakhapatnam. Weil er nicht länger eine Hindu-Gottheit im Namen tragen wollte, hat er bei seiner Taufe diesen Namen angenommen: Kristu Dasu, übersetzt „Knecht Christi".

BEI MISSHANDLUNGEN EINFACH SINGEN

Berichtet von BANUJI

Mein Vater hat mir beigebracht, dass Hausbesuche wichtig sind. Deshalb mache ich jeden Sonntag nach dem Gottesdienst Besuche. Einmal hielt ich mit meinem alten Motorrad auf dem Rückweg in einem Dorf an, in dem nur Hindus wohnen. Eine Familie dort war recht freundlich und so habe ich sie noch zwei weitere Male besucht. Aber es blieb bei allgemeinen Gesprächen, von Jesus wollten sie nichts hören. Doch beim Verabschieden fragten sie, ob sie denn einmal zu uns in den Gottesdienst kommen dürfen.

Ich sagte, dass der Weg zu Fuß zu weit ist, aber dass ich gerne zu ihnen komme, um von Gott zu erzählen. So verabredeten wir uns für den nächsten Sonntag, dass ich wieder auf dem Rückweg vom Gottesdienst bei ihnen vorbeikomme. Als ich zu ihnen kam, waren noch zwei weitere Familien da, die von ihnen eingeladen worden waren. Das hat mich sehr gefreut und ich habe ihnen von Jesus erzählt und einige unserer fröhlichen Glaubenslieder gesungen.

Weil wir in der NETHANJA-Kirche Lieder singen, die leichte indische Melodien haben, fingen die anderen auch an mitzusingen, sodass unser Gesang auch außerhalb des

Hauses deutlich zu hören war. Das blieb nicht ohne Folgen.

Nach ein paar Minuten hat in etwa dreihundert Metern Entfernung der Hindu-Priester die Lautsprecher an seinem Tempel eingeschaltet, um uns mit Hindu-Liedern zu übertönen. Um niemanden zu provozieren, habe ich unsere Zusammenkunft ganz ruhig beendet, habe noch mit den Familien gebetet und sie gesegnet.

Als ich dann das Haus verließ und zu meinem Motorrad ging, sind einige radikale Hindus auf mich zugekommen und haben mich übel beschimpft. Einige hielten mich fest und andere haben mich geschlagen. Da habe ich angefangen, eines der Lieder zu singen, das wir zuvor schon bei der Familie gesungen haben. Und während sie mich misshandelten, habe ich laut für sie gebetet.

Das hat die Angreifer völlig irritiert und sie hörten auf, mich zu schlagen. Sie waren bewegt, dass ich für sie bete, obwohl sie mich schlagen. So ließen sie mich gehen und sagten zu meinem Erstaunen, ich solle weiterhin für sie beten. Einige von ihnen haben sich später bei der Familie erkundigt, wer ich bin und wo ich Gottesdienste halte.

Die Familie zögerte erst, Auskunft zu geben, weil sie dachten, diese Leute wollten mich weiter bedrohen. Aber die sagten direkt, dass sie mal einen Gottesdienst besuchen möchten, um zu wissen, was denn hinter meiner furchtlosen Art steckt.

So staunte ich nicht schlecht, als am nächsten Sonntag nicht nur die Familien, die ich besucht hatte, zu uns in die Kirche gekommen sind, sondern auch noch einige der radikalen Hindus, die mich geschlagen hatten. Als ich sah, dass es so viele am Glauben Interessierte sind, habe ich begonnen, jeden Sonntag um 12 Uhr in diesem Dorf einen Gottesdienst zu feiern, nachdem ich zuvor bereits in meiner Kirche um acht Uhr und um zehn Uhr in dem anderen Dorf im Gottesdienst war. Und das ging dann so weit, dass dort jetzt vor dem Haus einer Familie so viele kommen, dass kaum noch jemand zum Hindu-Tempel geht.

Nun bete ich darum, dass in diesem Dorf möglichst alle zu Jesus finden und wir bald eine kleine Kirche bauen können.

BANUJI ist der Sohn eines NETHANJA-Evangelisten, der vor Jahren bei einem Unfall ums Leben gekommen ist. Banuji hat dann an der Bibelschule studiert und arbeitet seither als Evangelist und Pastor in einem kleinen Dorf in Odisha.

DENNOCH EIN GRUND ZUR FREUDE

Berichtet von SUKKU

Ram-Krishna und seine Frau waren Hindus, aber sie lebten ihren Glauben nicht so intensiv wie andere im Dorf, obwohl der junge Mann nach einem der wichtigsten Götter benannt worden war.

Die beiden waren bereits einige Jahre verheiratet und wünschten sich schon lange ein Kind. Doch leider kam es immer wieder zu Fehlgeburten.

Das haben auch ihre Nachbarn mitbekommen, die zu unserer Gemeinde gehören. Sie haben vor vier Jahren an einem Gebetsabend davon berichtet und seitdem wurde jede Woche in unserer Gemeinde regelmäßig für die beiden gebetet, dass sie doch ein Kind bekommen. Und Gott hat das Wunder geschenkt: Die Frau wurde wieder schwanger und dieses Mal blieb ihnen das Kind erhalten.

Die Freude war groß und als die Geburt bevorstand, haben die christlichen Nachbarn sie in vielem unterstützt. Dann kam das Kind zur Welt und eine doppelte Enttäuschung machte sich breit: Es war ein Mädchen. Und dazu war das Kind noch durch eine Lähmung schwerbehindert – zwei Mal „ein Minus" in der traditionellen indischen Gesellschaft.

Die hinduistischen Verwandten und einige Nachbarn haben sofort den Eltern und uns Christen schwere Vorwürfe gemacht. Sie machten unsere Gebete für die Behinderung verantwortlich. Sie riefen: „Das war ein Fehler, dass ihr die Christen für euch habt beten lassen. Besser wäre es gewesen, ihr hättet zu den Göttern unseres Dorfs gebetet. Jetzt sehr ihr, was für eine große Schande euch der Christengott bereitet hat! So ein verfluchtes Kind wollen wir nicht in unserer Familie haben. Wenn es so behindert bleibt, werden wir es an seinem ersten Geburtstag den Göttern opfern, um diesen Fluch von unserer Familie zu lösen!"

Ram-Krishna und seine Frau waren völlig verzweifelt, weil es diesen schrecklichen Brauch bei den Savaras tatsächlich gibt. Die vorherige Freude war in große Traurigkeit umgeschlagen.

Eine Woche nach der Geburt eines Kindes ist es bei uns in Indien üblich, dass es ein Dankfest im Haus der Familie gibt. Nachbarn, Freunde und entferntere Verwandte bringen kleine Geschenke, die vor allem für die Babypflege nützlich sind. Aber von Ram-Krishnas Familie kam niemand zu Besuch. Doch obwohl es ihm und seiner Frau nicht nach Feiern zumute war, haben wir Christen sie trotzdem besucht. Wir haben Geschenke gebracht und ihnen gratuliert, weil das Kind für uns ganz selbstverständlich eine gute Gabe Gottes und ein Grund zur Freude ist, trotz allen Schmerzes.

Von da an haben wir jeden Freitagabend beim Gemeindegebet für das Mädchen und seine Eltern gebetet. Und stellt euch vor, Gott hat ein zweites Wunder an dieser Familie getan: Das Kind wurde allmählich gesund! Nach einigen Monaten war von der Lähmung nichts mehr zu sehen! Und vor ein paar Tagen hat das Mädchen den ersten Geburtstag gefeiert und ist vollkommen gesund. Alle Hindu-Verwandten haben gestaunt und keiner sprach mehr davon, das Kind zu opfern.

Ram-Krishna und seine Frau sind so glücklich. Demnächst wird es bei uns wieder eine Tauffeier geben und die beiden werden sich taufen lassen, weil sie durch Gottes Wunder zum Glauben an Jesus gekommen sind. Auch weitere Familienangehörige von ihnen, die zuvor so geschimpft hatten, fanden dadurch zu Jesus und lassen sich mit ihnen taufen.

SUKKU kommt aus dem Savara-Stamm, der sehr selbstbewusst viele alte Traditionen pflegt, auch die Tötung von behinderten Kindern. Sukku arbeitet schon lange in großer Treue als Pastor und Supervisor in seiner Gemeinde und freut sich über die neue Achtung des Lebens, die durch den Glauben an Jesus wächst.

VOM ZERSTÖRER ZUM GEMEINDEBAUER

Berichtet von PRABUDAS

Im Dorf Ramana-Palem hat sich Folgendes ereignet: Ein junger verheirateter Mann, nennen wir ihn *Mohan*, hat vor einiger Zeit aus Hass auf die Christen gemeinsam mit anderen jungen Männern die kleine Kirche der NETHANJA-Gemeinde zerstört.

Kurz darauf wurde er schwer krank und kam ins Krankenhaus. Eine Nierenentzündung bereitete ihm starke Schmerzen, dazu kam noch ein schwerer Diabetes. Es stand sehr schlecht um ihn, und die Ärzte machten ihm wenig Hoffnung.

Ihm wurde klar, dass sein Leben bald enden würde. Er lag völlig verzweifelt in seinem Bett und schwankte zwischen Fluchen, Hoffen und Weinen.

Als die Christen unserer Gemeinde von seinem schweren Leiden erfuhren, besuchten sie ihn im Krankenhaus. Sie wussten genau, dass er bei der Zerstörung ihrer Kirche beteiligt gewesen war, dennoch waren sie gekommen. Sie standen rings um sein Bett und fragten, ob sie für ihn beten durften. Mohan war erstaunt und sehr bewegt, dass sie zu ihm gekommen waren. Gerne willigte er ein, dass sie für ihn beteten.

Aber sie standen nicht nur im Gebet für ihn ein, sie sprachen auch mit den Ärzten und übernahmen dann einen Teil der Behandlungskosten im Krankenhaus. Mohan war so sehr von ihrer Liebe beeindruckt, dass er mehr von Jesus erfahren wollte. So fand er schließlich zum Glauben an Jesus Christus, wodurch auch seine Seele gesund wurde. Er kam zu einem solch tiefen Frieden trotz seiner Krankheit, dass die Ärzte nur noch staunten.

Langsam stabilisierte sich sein Zustand und er konnte aus dem Krankenhaus entlassen werden. Mohan ist noch nicht ganz geheilt, doch sein starker Glaube lässt ihn weiterhin hoffen. Heute ist er jeden Sonntag im Gottesdienst dabei und bringt sich, wo er nur kann, in der Gemeinde ein.

Und er hat sich etwas vorgenommen: Nacheinander ging er seine Kameraden besuchen, mit denen er Monate zuvor die Kirche zerstört hatte. Er erzählte ihnen von seiner Krankheit und der teilweisen Gesundung. Er sprach davon, wie sein Hass auf die Christen von der Liebe Gottes verwandelt wurde. Er bezeugte ihnen seinen Glauben an Jesus Christus. Und einige von ihnen waren davon bewegt und fanden selbst zum lebendigen Glauben.

Gemeinsam mit ihnen begann Mohan, die von ihnen zerstörte Kirche wieder aufzubauen.

Inwischen konnte sie unter großer Freude der ganzen Gemeinde eingeweiht werden – in einem Festgottesdienst mit Bischof Pratap und Pfarrer Markus Schanz.

PRABUDAS *wirkt seit 27 Jahren als Pastor und Supervisor in Rajahmundry. Er wurde einst von Komanapalli-Vater Kripanandam nach der Bibelschulausbildung zum Pastor berufen.*

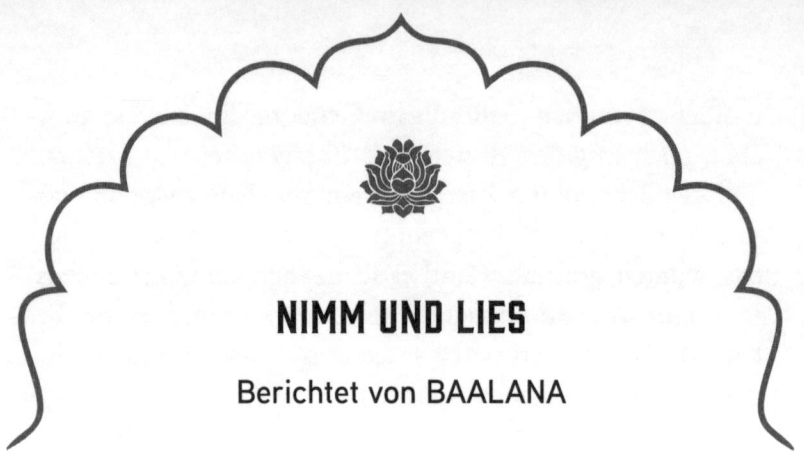

NIMM UND LIES

Berichtet von BAALANA

Ich bin als Kind nie zur Schule gegangen. Es war einfach nicht möglich, weil ich schon immer zu Hause mithelfen musste. Und es hat mich auch nicht interessiert, etwas zu lernen. So war ich also auch als Erwachsener ein Analphabet wie so manche bei uns im Dschungel.

Aber Jesus hat mich trotzdem zu sich gerufen. Denn hören und verstehen konnte ich die Botschaft Gottes immer gut. Gerne bin ich in die Gottesdienste gegangen und habe auch anderen von Jesus erzählt. Aber immer, wenn ich meinen Pastor aus der Bibel lesen sah, dachte ich, dass ich das auch so gerne könnte, um noch viel mehr über Jesus und die ganzen Leute in der Bibel zu erfahren. Da habe ich eines Tages ganz mutig gebetet: „Herr, gib mir bitte die Weisheit und Fähigkeit zu lesen. Denn ich möchte gerne dein Wort lesen und damit deiner Gemeinde dienen."

So habe ich ein halbes Jahr lang täglich gebetet und auf Gott vertraut. Ich habe mir von meinem Pastor eine Bibel besorgen lassen und fand die Buchstaben unserer Telugu-Sprache sehr schön, habe aber immer noch nichts davon verstanden. Als ich wieder einmal auf den Knien war und Gott meinen Gebetswunsch vortrug, sagte er zu mir: „Nimm und lies!"

Da nahm ich die Bibel, die vor mir lag, in die Hand und habe sie ganz vorne aufgeschlagen. Und tatsächlich, das Wunder geschah! Gott hatte mir die Gabe des Lesens geschenkt. Ich habe bei 1. Mose zu lesen angefangen und habe dann die nächsten Tage die ganze Bibel bis zur Offenbarung gelesen. Ich war ganz außer mir vor Freude über Gottes Wunder und war begeistert von all den wertvollen Worten der Bibel.

Als ich mich wieder einigermaßen besinnen konnte, war mir klar, dass ich diese Gabe dafür bekommen hatte, um Gottes Wort aus erster Hand weitersagen zu können. So ging ich los und habe an Neujahr 2017 in einem Dorf, in dem noch nie Gottes Wort gesagt worden war, angefangen, aus der Bibel vorzulesen und Jesus zu bezeugen. Fünf Leute haben sich in dem Dorf interessiert und aufmerksam zugehört. Innerhalb eines Jahres kamen noch viele weitere hinzu … und am Ende des Jahres waren es bereits 30 Familien, die zu unseren Gottesdiensten kamen. Wir haben eine einfache kleine Kirche gebaut und Bischof Singh zur Einweihung eingeladen.

Dass sich so viele für Jesus gewinnen ließen, hat wohl noch mit einem anderen Wunder zu tun.

Im benachbarten Dorf wurde ein junger Mann namens Bindu todkrank, der eine Frau und einen Sohn hatte. In ihrer Not hat die Familie einen Angehörigen zu mir geschickt, dass ich komme und für den Kranken zu Gott um Heilung bete. Ich war mir nicht ganz sicher, ob das wirklich mein Auftrag war. So habe ich zu Gott gesagt: „Ich habe nichts, was ich dem Kranken geben könnte. Aber wenn du mit mir in dieses Nachbardorf gehst, dann gehe ich!"

Im selben Moment spürte ich, dass Jesus mir dort eine Türe geöffnet hatte, und so machte ich mich zusammen mit drei von den ersten Gläubigen unseres Dorfs auf den Weg. Die Familie hatte den sterbenskranken Mann bereits aus der Hütte auf die Straße getragen, dass er dort sterben sollte. Das ist in den Dörfern so üblich: Die Nichtchristen glauben, dass, wenn jemand in einem Haus stirbt, seine Seele nicht den Ausgang findet und von da an alle im Haus Lebenden terrorisiert.

Drei Tage lang saßen wir am Straßenrand neben dem Todkranken und haben gefastet und gebetet. Wir merkten, wie durch Gottes Gnade wieder neue Kraft in den Kranken kam. Schließlich ist er aufgestanden und hatte großen Hunger. Den leiblichen Hunger konnten wir rasch durch eine kräftige Reissuppe stillen. Den inneren Hunger hat Jesus ihm gestillt, als wir ihn als unseren Herrn bekannten und Zeugnis von seiner großen Liebe ablegen konnten.

So ist Jesus für den Todkranken zum lebendigen Reis geworden. Und viele haben es miterlebt. Das hat so viele Familien in beiden Dörfern bewegt, dass nun viele zur Gemeinde kommen.

BAALANA *ist Evangelist in Digarapalli, im Dschungel des Grenzgebiets zwischen den Bundesstaaten Andhra Pradesh und Odisha.*

GOTT SCHAFFT GERECHTIGKEIT

Berichtet RATNAKAR

In Indien haben wir immer noch das Kastensystem. Eigentlich ist das schon seit vielen Jahren vom Staat abgeschafft, aber immer noch orientieren sich alle daran, aus welcher Kaste man stammt. Das schafft große Unterschiede in unserer Gesellschaft. Und obwohl die niedrigen Kasten Unterstützung vom Staat erhalten, zum Beispiel durch Studienplätze und Beamtenstellen, ist es in unserem Land nicht einfach, aus den unteren Kasten sozial aufzusteigen. Und für uns Pastoren und Evangelisten ist es schwierig, unseren Herrn Jesus den Menschen aus den höheren Kasten zu bezeugen, weil viele von uns zu den Dalits, den sogenannten Kastenlosen gehören.

In unserem Dorf lebt die reiche Familie *Ramraj*, die zu einer ganz hohen Kaste gehört. Sie haben ein schönes großes Haus und fahren ein teures Auto.

Aber anders als die meisten reichen Leute waren sie schon immer recht freundlich und haben auch manchmal armen Menschen geholfen. Deshalb dachte ich, dass sie vielleicht Interesse an der Botschaft von Jesus Christus haben könnten. Also besuchte ich sie, aber schon auf der

Veranda vor dem Haus wurde ich schroff abgewiesen mit den Worten:

„Wir brauchen deinen ausländischen Gott nicht! Uns hat das Schicksal bisher gut behandelt. Wir werden nach dem Tod von Brahma im nächsten Leben in eine höhere Stufe geboren. Dazu brauchen wir euren Jesus nicht!"

So ging ich enttäuscht wieder weg. Aber ich habe die Gemeinde ermutigt, trotzdem für diese Familie zu beten.

Nach ein paar Wochen hatte diese Familie mit ihrem Auto einen schweren Unfall. Ein unvorsichtiger Autorikschafahrer hatte ihnen die Vorfahrt genommen und es kam zum Zusammenstoß. Die Rikscha fiel um. Weil Rikschas ja keine Türen haben, fielen die beiden Passagiere heraus und wurden unter der Rikscha eingeklemmt. Der eine starb sofort, der andere wurde schwer verletzt.

Als die Polizei kam, hat sie sofort den reichen Mann verhaftet. Nur gegen eine große Kautionszahlung kam er vorübergehend frei.

Bei der Gerichtsverhandlung haben der Rikscha-Fahrer und der Verletzte geweint und Herrn Ramraj schwer beschuldigt. Und obwohl eigentlich allen klar war, dass die Schuld beim Rikscha-Fahrer lag, hat das Gericht den reichen Mann zu einer sehr hohen Strafe verurteilt. Das war zwar ungerecht, aber es ist bei uns häufig so, dass bei einem Verkehrsunfall die Polizisten und Richter schnell denjenigen zum Begleichen aller Kosten bestimmen, der mehr Geld hat.

Als ich von diesem Unrecht gegen Familie Ramraj erfuhr, habe ich das bei unserem Gebetstreffen, wo wir uns als Pastoren einmal im Monat versammeln, berichtet. Sofort haben wir alle gemeinsam für diese Familie gebetet, auch dass Gott, der die Gerechtigkeit liebt, ihnen doch in dieser Situation helfen möge.

Am nächsten Tag ging ich zu der Familie, um ihnen meine Anteilnahme und Hilfe anzubieten. Erstaunlicherweise wurde ich sogar in ihr Haus gebeten. Ich erzählte ihnen, dass viele Pastoren für sie gebetet haben und dass Jesus ihnen bestimmt helfen kann. Sie hörten mir aufmerksam zu und verabschiedeten mich dann sehr freundlich.

Nach einer Woche rief mich die Familie zu sich. Als ich das Haus betrat, strahlten alle. Übersprudelnd vor Freude erzählten sie mir, dass ein junger Richter die Verhandlungsunterlagen nochmals angeschaut habe und das Unrecht erkannt hatte. So sei das Urteil revidiert worden. Es gab einen klaren Freispruch und es wurde ihnen sogar noch Schadenersatz zugesprochen.

„Das haben eure Gebete zu deinem Jesus bewirkt! Bitte erzähle uns noch mehr von diesem gütigen und gerechten Gott!", forderten sie mich auf.

Das habe ich gerne getan. Ich kam mir vor wie Petrus im Haus des römischen Hauptmanns Kornelius. Und wie bei dem Bericht in Apostelgeschichte 10 erlebte auch ich, dass der Heilige Geist in dieser Familie wirkte. Noch am selben Tag kamen einige zum Glauben und nach und nach auch die anderen. Das war ein Fest, als diese Familie getauft wurde!

Weil diese Familie zur oberen Kaste gehört und einen guten Ruf im Dorf hat, bewirkte das Ganze, dass sich immer mehr Menschen für Jesus interessierten.

So wuchs unsere Gemeinde seit diesem Ereignis vor vier Jahren. Und durch eine großzügige Spende der Familie Ramraj konnten wir dann eine neue größere Kirche bauen.

RATNAKAR *aus Kepipallem ist schon seit vielen Jahren Pastor in der Gegend von Narsapur, dem ersten Ort der NETHANJA-Arbeit, tätig.*

MEHR ALS ZWEITAUSEND HEILIGE WORTE

Berichtet von SANYASA RAO

Meine Familie gehörte schon immer zu den besonders religiösen und als „heilig" angesehenen Menschen in unserem Dschungeldorf. Ursprünglich wurden bei uns Bäume und Tiere, aber auch Felsen und die Sterne angebetet. Aber nach und nach verbreitete sich der Hinduismus auch bei uns, und so lernten meine Eltern, die mächtige und gefürchtete Zauberer waren, viel Neues hinzu.

Sie sorgten dafür, dass ich Lesen und Schreiben lernte, und lehrten mich viele heilige Sanskrit-Begriffe. Denn ich sollte einmal ihre Nachfolge antreten und noch mächtiger werden als sie.

Aber noch bevor ich erwachsen war, sind meine Eltern ganz rasch nacheinander gestorben.

Nun war ich auf mich selbst gestellt und sollte als Zauberer und „heiliger Mann" in unserem Dorf wirken. Aber ich fühlte mich dazu noch nicht bereit und war damit überfordert. So fing ich bald mit dem Trinken an.

Trotzdem begann ich wie meine Eltern als Zauberer zu arbeiten. Und die Leute bezahlten mich gut dafür. Ich bekam nach und nach große Macht, als Fluch oder als Segen zu wirken. Wenn die Ernte schlecht zu werden drohte, wurde ich gerufen, um die Felder zu segnen. Ich konnte immerhin zweitausend wirkungsvolle heilige Sanskrit-Worte auswendig, die außer mir keiner verstand.

Genauso oft kam es vor, dass einer seinem Nachbarn keine gute Ernte gönnte und mich beauftragte, dessen Früchte zu verfluchen, was ich gegen Bezahlung natürlich auch machte. Manchmal wandte sich der mit den verfluchten Früchten auch wieder an mich, dass ich durch Segensworte den Fluch aufheben sollte.

Auch wenn die Leute krank waren oder Frauen Fehlgeburten hatten, kamen sie zu mir, dass ich sie befreie. Und böswillige Menschen beauftragten mich mitunter, Leuten, die sie nicht mochten, einen bösen Geist ins Haus zu schicken. Denen konnte ich dann wiederum geweihte Amulette gegen die Geister verkaufen. So verdiente ich recht gut in diesem System des Verfluchens und Segnens. Aber der Alkohol bekam mich immer mehr in den Griff, und die Sache mit der Macht und mit den Geistern bereitete mir immer mehr schlaflose Nächte. So paradox es klingt, obwohl ich vielen Menschen geholfen habe, ging ich selbst daran kaputt.

Eines Tages kam ein NETHANJA-Evangelist in unser Dorf. Es war ein Tag, an dem es mir nur schlecht ging. Betrunken und völlig am Ende lag ich auf meinem Bett vor meiner Hütte. Die anderen Leute machten an solchen Tagen immer einen Bogen um mich, weil sie befürchteten, dass ich sie mit einem Fluch belege.

Aber dieser Evangelist kam zielstrebig und freundlich lächelnd auf mich zu. Er sagte: „Du brauchst Jesus! Nur er kann dir helfen und dafür sorgen, dass du frei und wieder gesund wirst!"

Als ich diese Worte hörte, fühlte ich mich innerlich zerrissen. Auf der einen Seite waren diese Worte so wohltuend. Ich spürte etwas von dem Frieden, den dieser Christ ausstrahlte, einen Frieden, nach dem ich mich so sehnte. Auf der anderen Seite rebellierte in mir diese finstere Macht und wollte mich dazu bringen, über dem Mann einen Fluch auszustoßen. So brach ich weinend vor ihm zusammen.

Er legte mir sanft die Hand auf die Schulter und sprach ein kurzes Gebet.

Da rief ich: „Jesus, rette mich! Hilf mir mit deiner Kraft!"

Auf einmal war ich vollkommen nüchtern und in einen ganz tiefen Frieden eingehüllt.

Der Evangelist wurde mein bester Freund und er lehrte mich, was es heißt, an Jesus zu glauben. Seither arbeite ich in unserer kleinen Kirchengemeinde mit und viele kommen zu mir, dass ich im Namen des Herrn Jesus die Hände auf sie lege und für sie bete. Viele sind dadurch von Krankheit geheilt oder von den bösen Geistern befreit worden, die ich einst auf sie gelegt hatte. Und eins weiß ich seither und sage es allen, denen ich begegne: Der eine Name Jesus ist stärker als alles andere, auch als die zweitausend „heiligen Worte"!

SANYASA RAO arbeitet in einer Dschungelgemeinde ehrenamtlich als Gemeindeältester mit.

DER BRUDER WIRD ZUM BRUDER

Berichtet von SUNDHAR RAO

Mein Bruder und ich wurden schon als Kinder quasi zu Waisen. Eine brutale Bande hatte unseren Vater getötet und unsere Mutter entführt. Voller Zorn haben wir beide uns als Jugendliche den Naxaliten angeschlossen – wir wollten für Gerechtigkeit kämpfen. Aber aus dem guten Ziel, für das wir uns einsetzen wollten, wurde bald nur noch brutaler Terror, den wir verbreiteten.

Doch das Wunder geschah, und Jesus hat mich schließlich aus dieser endlosen Spirale des Zorns, des Mordens und der Ungerechtigkeit befreit.

Mein Bruder aber wollte nichts von Jesus wissen. Zwanzig Jahre lang habe ich versucht, ihm die Frohe Botschaft zu sagen. Aber er hat mich immer verlacht, verhöhnt und geschlagen. Viele Jahre habe ich ihn dann auch gar nicht mehr gesehen. Aber ich habe nie aufgehört, für ihn zu beten. Und ich vertraute auf das Wort des Apostels Paulus, das er einst dem Gefängniswärter in Philippi zugesprochen hatte: „Glaube an den Herrn Jesus, so wirst du und dein Haus gerettet!" (Apostelgeschichte 16,31). Ich wusste, dass meine Familie eines Tages gerettet würde – auch mein Bruder.

Und dieser Tag kam vor zwei Jahren!

Bei einer Schießerei zwischen Naxaliten und Soldaten wurde mein Bruder schwer verletzt. Seine Gefährten haben ihn heimlich ins Krankenhaus gebracht, dass er dort behandelt würde. Aber nach einer raschen Untersuchung sagte der Arzt: „Bei diesen schweren Schussverletzungen hat der Mann keine Chance mehr. Er wird sterben!"

Als meine Schwägerin das hörte, machte sie sich in ihrer Not gleich auf den Weg zu mir. Sie rief mir schon von Weitem entgegen: „Komm schnell, dein Bruder wird sterben."

Ich bat sie, zuerst ein wenig zu Atem zu kommen, dann erzählte sie mir alles. Sie beendete ihren schrecklichen Bericht mit der Frage: „Kannst du da etwas machen?"

Ich antwortete ihr: „Ich kann nichts machen, ich kann nur zu Jesus beten."

Nach kurzem Nachdenken fügte ich hinzu: „Aber ich komme nicht mit ins Krankenhaus. Lass deinen Mann hierher zu mir in die Kirche bringen. Hier will ich für ihn beten!"

Weil sich meine Schwägerin keine andere Hilfe wusste, willigte sie ein. Der Transport über die schmalen Dschungelpfade in unser Dorf war für meinen Bruder sicherlich beschwerlich, so elend wie es um ihn stand. Bewusstlos und nur noch schwach atmend kam er bei uns an.

Sofort haben wir begonnen, für ihn zu beten; nicht nur meine Familie, auch viele aus der Gemeinde haben mich darin unterstützt. Rund um die Uhr waren wir in der kleinen Kirche beieinander und haben um das Krankenlager meines Bruders gekniet. Wir haben den dreieinigen Gott um sein Erbarmen angerufen. Wir haben mit Psalmen dem himmlischen Vater die Ehre gegeben. Wir haben Jesus als den Heiland angerufen. Wir haben die Kraft des Heiligen Geistes über dem Schwerverletzten ausgesprochen.

Es war eine intensive und anstrengende Zeit. Aber nach vier Tagen kam mein Bruder wieder zu Bewusstsein und nach weiteren Tagen der Pflege und des Gebets dann auch langsam wieder zu Kräften.

Als er einigermaßen transportfähig war, beschlossen wir, ihn wieder ins Krankenhaus zurückzubringen, damit seine Wunden medizinisch richtig versorgt werden können. Der Arzt staunte nicht schlecht, als er meinen Bruder sah. Er versorgte ihn mit allem, was möglich war, und sagte meiner Schwägerin, dass mein Bruder überleben würde. Er wurde dann tatsächlich ganz gesund.

Nachdem er aus dem Krankenhaus entlassen worden war und seine Naxaliten-Kameraden ihn abholen wollten, sagte er zu ihnen, dass er nicht mehr zu ihnen komme. Stattdessen kam er zu mir.

Es war eine Wiedersehensfreude, wie ich sie mir seit Jahren erhofft hatte.

Viele Tage lang konnte ich ihm von Jesus erzählen, der seinen kaputten Körper geheilt hatte. Und so wurde nach und nach auch seine verletzte Seele heil. Mein Bruder kam zum Glauben und ließ sich taufen. So wurde mein leiblicher Bruder zu meinem geistlichen Bruder!

Das war einer der schönsten Momente in meinem Leben. Und seine Frau wurde von dem ganzen Geschehen so berührt, dass auch sie ihr Leben in Gottes Hand legte. Und einer seiner engsten Gefährten bei den Naxaliten war davon so bewegt, dass er mit seiner Familie die Terroristen verließ und Christ wurde.

Doch jetzt ist es für beide Familien gefährlich geworden,

weil die Naxaliten sie als Verräter bezeichnen und ihnen nach dem Leben trachten. Aber es geht noch weiter.

Auch der Sohn meines Bruders, mein Neffe *Kamesh*, war ein Spion und Helfer der Terroristen. „Kamesh" ist übrigens ein typischer Terroristenname und bedeutet „Aggression". Schon als Kind, wenn er auf der Straße spielte, beobachtete er alles ganz genau. Sobald sich ein Polizeiauto oder ein Trupp Soldaten näherte, gab er mit vorher vereinbarten Zeichen den Naxaliten Bescheid, woher und wie viele kommen. Später war Kamesh dann auch daran beteiligt, Bomben zu legen, die viele Polizisten in den Tod rissen.

Als er die wundersame Heilung seines Vaters miterlebte, kam auch Kamesh ins Nachdenken. Er kam immer wieder zu mir in den Gottesdienst und sein Herz wurde von der Botschaft bewegt. Er kehrte sich ab von seinem bösen Weg und kam zum Glauben an Jesus Christus, den Friedefürst. Als er mir sagte, dass er getauft werden möchte, entschied er sich, seinen bisherigen angsteinflößenden Namen abzulegen.

Als ich dann im Februar 2018 meinen Neffen taufen durfte, tauchte er als neuer Mensch aus dem Wasser auf, und ich rief seinen neuen Namen über ihm aus: Johannes.

Denn auch der Jünger Johannes war zuvor ein aufbrausender Mensch gewesen, ein „Donnersohn", der zum geliebten Kind Gottes wurde. Genauso war es auch bei meinem Neffen!

SUNDHAR RAO wirkt als Pastor und Supervisor im Dschungelgebiet, wo die maoistischen Naxaliten die Bevölkerung terrorisieren. Er selbst war einst ein Anführer bei den Naxaliten, bis Gott ihn zu sich gezogen hat und er sich zu Jesus, dem Fürst des Friedens, bekannt hat.

GEBET OHNE FURCHT VOR ANKLAGE

Berichtet von SUNDHAR RAO

Wieder einmal haben wir uns aufgemacht, ein Dorf zu besuchen, in dem noch nie die rettende Botschaft von Jesus Christus weitergesagt worden war. Das ist übrigens ein Grundprinzip unserer Nethanja-Kirche: Wir gehen nur in solche Dörfer und Stadtteile, wo es noch keine christliche Kirche gibt. Wir wollen keine Konkurrenz schaffen, sondern Menschen für Jesus gewinnen.

Wie immer haben wir außer den abendlichen Versammlungen, bei denen wir biblische Geschichten erzählen, indische christliche Lieder singen und zum Glauben an Jesus einladen, tagsüber auch Besuche gemacht, von Haus zu Haus, von Hütte zu Hütte.

Nachdem wir schon eine Woche in dem Dorf waren, trafen wir vor einer der Hütten auf eine traurig blickende Frau. Als sie uns kommen sah, sprach sie uns sofort an: „Bitte kommt zu uns herein. Mein Mann ist schwer krank und es gibt für ihn keine Hilfe mehr. Wir haben alles versucht, vom Zauberpriester bis zum Krankenhaus – alles war vergeblich. Aber wir wissen, dass ihr im Namen Jesu betet. Bitte kommt rein und betet für meinen Mann!"

Als wir in die Hütte eintraten, merkte ich, dass dieser Mann bereits im Sterben lag. Ich wandte mich an die Frau und fragte: „Warum bittest du uns erst heute, für deinen Mann zu beten? Wir sind doch schon eine Woche hier. Warum kamst du nicht schon früher auf uns zu?"

Die Frau schwieg. Ich sagte: „Weißt du, wenn dein Mann jetzt trotz unserer Gebete stirbt, dann kann es passieren, dass wir deshalb vor Gericht angeklagt werden."

Da brach es aus der Frau heraus: „Wisst ihr, sogar unsere Schwiegertochter wollte uns aus diesem Grund nicht helfen. Sie ist eine ausgebildete Krankenschwester und hat Angst, dass sie vor Gericht kommt, wenn ihre medizinische Hilfe nichts bringt."

Das ist in manchen Dschungeldörfern wirklich ein großes Problem. Selbst wenn die Angehörigen keine Klage einreichen, kann es sein, dass die Dorfältesten jemandem, der erfolglos geholfen hat, den Tod des Patienten anlasten und ihn zu einer hohen Strafe verurteilen.

In dieser schwierigen Situation gab Jesus uns plötzlich einen ganz tiefen Frieden ins Herz – und so habe ich eingewilligt. Die nächsten drei Tage sind wir von morgens acht Uhr bis nachmittags fünf Uhr neben dem Bett gekniet und haben unseren Herrn angerufen, dass er diesem Mann noch einmal das Leben schenkt und ihn auch für die Ewigkeit rettet. Wir haben hoffnungsvolle und tröstende Lieder gesungen, leise und laut gebetet. Und der Herr hat unsere Gebete erhört.

Nach diesen drei Tagen ist der Mann vom Bett aufgestanden und war vollkommen geheilt. Bewegt von diesem Wunder und von alldem, was er in unseren Gebeten und Liedern gehört hat, kam er zum Glauben an Jesus Christus.

Und nicht nur er, auch seine ganze Familie und einige der Nachbarn, die das alles mitbekommen haben.

Demnächst werden wir in diesem Dorf einen Taufgottesdienst am Bach abhalten – und der Mann wird mit seiner Familie unter den Täuflingen sein.

Hier schließe ich meinen Bericht und sage mit den Worten des Evangelisten Johannes: Mehr kann ich nicht erzählen, denn die Bücher dieser Welt würden es nicht fassen!

DU SOLLST EIN SEGEN SEIN

Staunen darüber, wie Gott wirkt –
Gott danken für seine Liebe und Fürsorge.

Das tun auch schon die Kinder und Jugendlichen
in den Kinderheimen. Wie Blessy, 17 Jahre alt.

Wie ich hierher ins Kinderheim gekommen bin und wer mich gebracht hat, weiß ich nicht mehr. Ich war noch sehr klein. Ganz deutlich kann ich mich erinnern, dass ich am Anfang viel geweint habe und Sehnsucht nach Vater und Mutter hatte. Aber an meine Eltern, an ihr Aussehen und ihre Stimmen, kann ich mich nicht mehr erinnern. Jemand hat dann auf Bischof Singh gezeigt und gesagt: „Das ist dein Daddy!" Er hat mich damals auf den Arm genommen und seither ist er mein geistlicher Vater.

Ich wurde hier sehr lieb aufgenommen und bin mit allem versorgt, was ich brauchte, dadurch ließ dann die Sehnsucht nach meinen Eltern langsam nach.

Manchmal habe ich gemerkt, dass Menschen Mitleid mit

mir hatten. Das habe ich gar nicht richtig verstanden – ich habe doch viele liebe Menschen hier. Und ich habe doch meinen Vater!

Lange konnte ich gar nichts dazu sagen, wenn Menschen mich bemitleidet haben, aber ungefähr ab der achten Klasse wurde ich mutiger und selbstsicherer.

Seitdem sage ich allen, die mich bedauern: Ich habe hier sehr viele Freunde und Bischof Singh ist mein Vater!

Vor einem oder zwei Jahren hatte ich ein besonderes Erlebnis: Ein Ehepaar kam von weit her und hat mich im Kinderheim besucht. Sie hatten einen Beamten dabei und wollten mich mitnehmen und adoptieren. Viele erstaunliche Dinge haben sie mir erzählt: Wenn du mit uns kommst, darfst du in einem Flugzeug fliegen und in einem großen Auto fahren, du darfst in einer großen Stadt wohnen, bekommst dein eigenes Zimmer und eine große Familie!

Als ich das meinem geistlichen Vater erzählt habe, habe ich Tränen in seinen Augen gesehen, und das hat mich viel mehr berührt als die Aussicht aufs Fliegen und ein eigenes Zimmer. Es hat mir Angst gemacht, dass ich vielleicht nicht hierbleiben darf. Hier gehöre ich doch hin!

Ich habe diesem Ehepaar gesagt, dass ich hier schon eine sehr große Familie habe: „Hier bin ich eine Tochter, ich bin eine Schwester, und ich bin hier glücklich!"

Diese Entscheidung habe ich nicht bereut.

Nach der zehnten Klasse habe ich zuerst im Junior College (entspricht Klasse 11 und 12 in Deutschland) angefangen. Aber bald habe ich bemerkt, dass das nicht der richtige Weg für mich ist.

Ich habe gewechselt – und bin seither in der Bibelschule

der NETHANJA-Kirche. Gott hat mir gezeigt, dass es mein Weg ist, mich um Kinder zu kümmern und anderen von Jesus zu erzählen. Ich weiß ganz genau, wie es sich anfühlt, ein Waisenkind zu sein, und ich möchte andere Waisenkinder mit meinem Dienst trösten und ihnen helfen, so gut ich kann.

Ich freue mich sehr, dass wir in der Bibelschule alle miteinander unseren Glauben vertiefen wollen, gemeinsam denken, beten und leben. Manches ist nicht einfach, aber ich lerne gern. Gerade lerne ich die Grundlagen der Bibel kennen. Wenn das geschafft ist, bin ich sehr erleichtert. Ich bin sehr froh und dankbar, dass Jesus mir gezeigt hat, was sein Weg mit mir ist.

Und dann habe ich mich taufen lassen!

Hier im Kinderheim bin ich sehr behütet aufgewachsen und bin ziemlich weit entfernt vom Leben in der Welt. Manchmal war ich neidisch, wenn andere Kinder von ihren Eltern Essen oder Süßigkeiten bekommen haben. Aber etwa in der zehnten Klasse wurde mir klar, dass ich alles habe, was ich zum Leben brauche. Manchmal habe ich aber schon noch Angst vor all dem Bösen, was es in dieser Welt gibt. Ich hatte den starken Wunsch, mich taufen zu lassen, damit die Macht Jesu mich beschützt.

Und ich wollte mich ganz persönlich und öffentlich zu meinem Glauben bekennen.

Vorher hatte ich einen anderen Namen, aber es ist bei uns üblich, mit der Taufe einen christlichen Namen anzunehmen. Meine Bitte war, dass mein geistlicher Vater den Namen aussucht. Mit seiner Wahl bin ich sehr glücklich: Blessy heißt Segen, gesegnet. Dahinter steht die Zuversicht, dass mein Leben ein großer Segen für andere ist und sein wird.

BLESSY ist heute siebzehn Jahre alt. Sie war erst zwei Jahre alt, als ihre Familie zerbrach: Ihr Vater tötete ihre Mutter. Inzwischen ist ihr Vater auch gestorben und sie ist eine der Vollwaisen im Kinderheim der Nethanja-Kirche in Visakhapatnam.

SICH GANZ AUF JESUS VERLASSEN UND ÖFFENTLICH ALS CHRISTEN-FAMILIE LEBEN

Immer wieder fragen Freunde der NETHANJA-Arbeit:
Was wird nach der Kinderheimzeit aus den Kindern?
Hier erzählt Manjula (38) ihre Geschichte,
mit dabei sind ihr Ehemann Satish und die beiden Söhne
Loyalroy (8) und Joybery (10).

Mit fünf oder sechs Jahren wurde ich ins NETHANJA-Kinderheim nach Polluru im Silerdschungel gebracht. Mein Vater war schwer krank und meine Mutter konnte uns vier Geschwister nicht alleine versorgen. Meine Schwester ist älter als ich, sie blieb bei meiner Mutter, aber meine zwei Brüder kamen mit mir ins Kinderheim.

Im ersten Jahr ging es mir nicht gut, monatelang hatte ich starkes Heimweh und ich wusste, meine Mutter ist nur etwa fünf Kilometer entfernt, aber ich kann einfach nicht zu ihr, weil sie es nicht schafft. Dann konnte ich nach Kondalaagraharam ins Kinderheim wechseln, dort wurde es viel besser.

Am besten haben mir immer die Jesusgeschichten gefallen, die wir dort hörten, das war für mich völlig neu, zu Hause waren wir nicht sehr religiös erzogen worden. Auch die Lieder habe ich immer mit vollem Herzen mitgesungen. 1998 habe ich die zwölfte Klasse abgeschlossen und ging zurück in meinen Heimatort. Besonders glücklich war ich dort nicht, alle haben mir geraten, ich solle eine Nähausbildung machen, aber das ist eher etwas für Leute, die die Schule irgendwann abgebrochen haben. Ich wollte weiterlernen!

Eine neue Chance bot sich mir, als die lutherische Kirche mir mit einem Stipendium half, ein Bachelorstudium aufzunehmen. Leider hat das Geld nicht gereicht, um nach dem Bachelor auch den Master zu machen, und so hatte ich wieder wenig Aussichten auf einen erfüllenden Beruf.

2006 dann fasste ich mir ein Herz und fragte in Kondalaagraharam nach, ob ich dort im Kinderheim mitarbeiten darf. Bischof Jeevan hat erkannt, dass ich eine Gabe im Umgang mit Kindern habe. Wenn ich mit Kindern zusammen bin, kann ich meine eigenen Probleme vergessen und ich lerne viel mehr von ihnen, als ich damals in der Schule gelernt habe.

Meine Erfahrung war immer, dass Jesus bei mir ist und zu mir hält, oftmals habe ich gebetet und erlebt, dass er die Gebete erhört. Daher habe ich 2006 auch meinen Glauben öffentlich gemacht und mich taufen lassen – und ich habe meinen Ehemann kennen- und lieben gelernt.

Satish lächelt und ergänzt: Ich habe erlebt, dass Manjula eine Frau ist, die fest an Jesus glaubt. Und ich war von Anfang an begeistert davon, wie sie mit Kindern umgeht. Ich weiß, dass sie mich so liebt, wie ich bin, trotz meines Rollstuhls – die Behinderung habe ich durch eine Kinderlähmung – , und dass sie mir treu bleiben wird.

2008 haben wir geheiratet. Wir sind sehr glücklich miteinander und besonders freuen wir uns, dass Gott unser Gebet um Kinder erhört und uns mit zwei Söhnen gesegnet hat. Ich habe ein kleines Geschäft und mache Computerarbeiten, Druckvorlagen und ähnliches. Und Manjula sorgt für uns alle und hält uns zusammen."

Manjula erzählt weiter: 2015 konnte ich einen Fernkurs zur Hindi-Sprachlehrerin machen. Diese Sprache spreche ich schon von Kindheit an, und jetzt unterrichte ich die Kinder in der NETHANJA-Schule. Das macht mir sehr viel Freude und ich merke, dass ich beruflich an dem Ort angekommen bin, an dem Gott mich haben möchte.

Ich hoffe auch, dass wir für unsere Nachbarn und Bekannten, die keine Christen sind, eine Ermutigung sein können, sich ganz auf Jesus einzulassen – und echte Freiheit zu erleben!

Die indischen Traditionen und die Prägungen durch das Kastenwesen sind sehr stark. Etliche Menschen sind einerseits angesprochen vom christlichen Glauben, sie wissen und glauben, dass Jesus Christus Gottes Sohn ist, aber sie tun sich schwer, ganze Sache mit ihm zu machen.

Sie bekennen vor ihrer Familie, dass sie sich zur Kirche Jesu halten, aber trennen sich schwer von den Zeichen der Hindureligion, z. B. vom roten Punkt auf der Stirn oder abergläubischen Bräuchen.

Es ist so, als ob sie Jesus haben wollen, aber nicht erkennen, dass Jesus sie ganz haben will. Dadurch verpassen einige das Schönste am Glauben an Jesus.

Wir finden, den Glauben öffentlich zu bekennen und sich ganz auf Jesus zu verlassen, ist ein großer Segen für uns.

DER VIERJÄHRIGE AUF DER FLUCHT

Silvesterabend 2016: Im Missionszentrum Visakhapatnam sind etliche Hundert Gemeindeglieder versammelt, singen Lieder, sehen Darbietungen und hören persönliche Berichte von Gottes Handeln.

Asis, ein damals zwölfjähriger Junge aus dem Kinderheim, steht auf und redet.

Sein Berufswunsch löst Heiterkeit aus, als er sagt: „Ich will Bischof werden", hinterlässt aber auch einen tieferen Eindruck. Gut zwei Jahre später erzählt er mehr von seiner Geschichte.

Ich heiße Asis, bin 14 Jahre alt und gehe in die achte Klasse. Geboren bin ich nicht hier in der Gegend, sondern in Orissa *(der Nachbarbundesstaat von Andhra Pradesh heißt heute Odisha)*. Als ich vier Jahre alt war, kamen auf einmal Menschen, die uns mit viel Lärm und Geschrei überfallen haben. Meinen kleinen Bruder, zwei Jahre alt, habe ich genommen und bin zusammen mit meiner Oma weggerannt. Wir wurden von meinen Eltern getrennt und ich habe sie seither nicht mehr gesehen. Alles hat mir viel Angst gemacht, aber als dann mein kleiner Bruder sehr zu weinen begonnen hat, ist mir richtig bewusst geworden, wie schlimm unsere Lage ist.

Zuerst habe ich nicht verstanden, dass sie uns überfallen haben, weil wir Christen sind, das wurde mir erst klar, als sie unsere Kirche angezündet haben.

Früher war mein Vater Hindu, meine Mutter hat sich zuerst taufen lassen, dann ist auch mein Vater zum Glauben an Jesus gekommen. Radikale Hindus wollten sie überzeugen, zum Hinduismus zurückzugehen, aber das haben meine Eltern abgelehnt.

Einige Zeit haben meine Oma, mein Bruder und ich uns in den Bergen im Dschungel versteckt. Manchmal hatten wir zwei oder drei Tage lang gar kein Essen.

Manchmal ist jemand heimlich zu uns geschlichen und hat erzählt, dass unser Haus und viele andere Häuser zerstört sind und wir nicht zurückkönnen, solange wir Christen bleiben.

Wir konnten dann in ein anderes Dorf gehen, dort wurde bei der Schule ein großes Zelt für uns aufgebaut, auch der Pastor dort hat für mich gesorgt.

Vier Jahre war ich dort und bin auch zur Schule gegangen. Dann hat mir der Pastor gesagt, dass ich in ein Kinderheim gehen darf.

So bin ich mit acht Jahren nach Visakhapatnam gekommen. Das war sehr spannend für mich, zuerst dachte ich, dass ich im Ausland bin, weil man hier eine andere Sprache spricht. Die Gegend sieht auch anders aus: In meiner Heimat Orissa gibt es mehr Lehmstraßen und die Erde ist trocken, hier in Andhra Pradesh ist alles viel grüner.

Meine Muttersprache ist Oriya, jetzt musste ich Telugu

lernen. Nach zwei Jahren konnte ich es richtig gut und habe auch gute Freunde im Kinderheim gefunden. In der Schule ist der Unterricht auf Englisch, und so kann ich jetzt drei Sprachen.

Ich war damals erst vier Jahre alt, aber die schwere Zeit vergesse ich nicht. Als wir auf der Flucht waren, haben wir immer gemeinsam Jesuslieder gesungen, gebetet und Gott gelobt. Das hat mir Kraft und Mut gegeben. Seit ich hier bin, habe ich Bischof Singh als geistlichen Vater, er ist ein großes Vorbild für mich. Und wie die anderen Jungs aus dem Kinderheim darf ich „Daddy" zu ihm sagen. Das macht mich stolz.

Und es ist schön, dass ich jetzt lernen kann. In der Schule habe ich am liebsten Naturwissenschaften, auch Musik mag ich und spiele gerne die Trommeln.

Aber ich möchte später kein Naturwissenschaftler werden. Gerne möchte ich ein Diener Gottes werden, nach der Schule die Bibelschule besuchen und wie Bischof Singh möglichst vielen Menschen von Jesus erzählen und ihnen in der Not beistehen und sie unterstützen. Schon jetzt helfe ich gerne mit, wo ich gebraucht werde, zum Beispiel teile ich zusammen mit den Bibelschülern nach dem Gottesdienst Mittagessen für die Armen aus.

Von seinen Eltern weiß Asis nichts – wir wissen leider mehr. Vater und Mutter von Asis wurden damals in der großen Christenverfolgung in Orissa getötet. Bischof Singh denkt, dass es für Asis bald Zeit ist, die schwere Wahrheit zu erfahren. Wir hoffen und beten für ihn, dass sein Glaubensmut und die Ge-

meinschaft im Kinderheim sich dann bewähren – und Asis weiterhin Gottes Nähe und Beistand erlebt.

NACHWORT

Die Geschichten dieses Buches erleben unsere indischen Partner der NETHANJA-Kirche tagtäglich. Seit 1973 sind wir als deutscher Unterstützerverein mit den Freunden vor Ort unterwegs in Indien, einem Land, das unvergleichlich vielfältig, oft sogar extrem widersprüchlich ist.

Dort arbeitet die NETHANJA-Kirche mit den beiden großen Hauptanliegen, den Ärmsten der Armen zu helfen und die frohe Botschaft von Jesus Christus zu verkündigen. Die Arbeit ist in den letzten Jahrzehnten enorm gewachsen, für uns immer wieder neu Grund zu staunen und Gott dankbar zu sein:

Kinder und Ausbildung

» Neun Kinderheime mit insgesamt ca. 700 Kindern, davon zwei Mädchendörfer
» Drei Highschools mit insgesamt ca. 1.200 Schülerinnen und Schülern
» Tagesschulen im Dschungelgebiet
» Ausbildungsstätten für Mechanik: Schlosser, Dieselmechaniker, Elektriker

- » Ausbildung für Elektronik und Elektronikwerkstatt
- » Krankenschwesternschule
- » Bibelschule mit dreijährigem Studium und kürzeren Kursen für ehrenamtliche Pastoren
- » Nähkurse, auch für Erwachsene

Medizin und Sozialarbeit

- » Missionskrankenhaus: 65 Betten mit Schwerpunkt Geburtshilfe, innere Medizin und Allgemeinchirurgie, große Ambulanz
- » Zentrum für Menschen mit Behinderungen (mit Kooperationspartner „Friedenshort")
- » Beratungs- und Therapiezentrum für HIV-Patienten
- » Ambulante, aufsuchende Hilfe für HIV-Infizierte
- » Mehrere Ambulanzstationen auf dem Land und in Slumgebieten
- » Witwenhilfe und Witwenwohnheim
- » Versorgung einer Leprasiedlung
- » Hilfe für Dalits (Kastenlose, „Unberührbare")
- » Blindenwohnheim
- » Hilfe in Notfällen und bei Naturkatastrophen

Gemeindeaufbau

- » Seit 2006 stetig wachsende evangelische „Nethanja-Kirche" mit ca. 1.500 Gemeinden
- » 120.000 sonntägliche Gottesdienstbesucher
- » Bau von Kirchen und Gemeindezentren
- » Unterstützung von Pastoren, Evangelisten und Bibelfrauen

Diese breit gefächerte Arbeit unterstützen wir von Deutschland aus durch den gemeinnützigen **Verein „Kinderheim NETHANJA Narsapur/Christliche Mission Indien e.V."** mit geistlicher Begleitung, Beratung, Reisen nach Indien und finanzieller Unterstützung.

Unsere Geschäftsstelle ist in 74223 Flein, Theodor-Heuss-Straße 38, Tel. 0(049)7131 2797447, Mailadresse buero@nethanja-indien.de

Dort bekommen Sie gerne weitere Informationen.

Sie wollen helfen?

Sehr gerne! Sie können auf vielfältige Weise beitragen:

» Durch Ihr Gebet für die Arbeit
» Durch Interesse an unserem Rundbrief „NETHANJA Post" und unsere Internetseite www.nethanja-indien.de
» Durch eine Einzelspende oder einen Dauerauftrag
» Durch Übernahme von Patenschaften
» Durch Gottesdienste und Infoveranstaltungen mit Geschäftsführer Pfr. Markus Schanz oder Gästen aus Indien in Ihrer Gemeinde

Spendenkonto:
Volksbank Herrenberg-Nagold-Rottenburg
IBAN: DE04 6039 1310 0673 0360 06
BIC: GENODES1BBV

Christoph Zehendner

NAMASTE – DU BIST GESEHEN

Abenteuer*Mutmach*Hoffnungs-
Geschichten aus Indien

Hardcover
224 Seiten
3. Auflage
ISBN 978-3-7655-0979-7
auch als E-Book erhältlich

Kommen Sie mit auf eine Reise der Hoffnung: unterwegs mit Christoph Zehendner und mit Singh Komanapalli, dem „Bischof der Hoffnung"! Erleben Sie mit, wie aus einer Einladung zum Abendessen in Deutschland in Indien zunächst ein kleines Kinderheim entsteht, dann mehrere große, dann Schulen, Krankenhäuser, Ausbildung … und eine Kirche – mit inzwischen 120.000 Gottesdienstbesuchern in 1.500 Gemeinden.

„Ein Buch, das man nicht lesen kann, ohne dass es das eigene Leben verändert."
Iris Völlnagel, ARD-Journalistin

„Ein tolles Buch und eine große Ermutigung, Gott mehr zuzutrauen!"
Andrea Adams-Frey & Albert Frey, Musiker

Christoph Zehendner

NAMASTE – DU BIST GESEHEN

Abenteuer*Mutmach*Hoffnungs-
Geschichten aus Indien

Hörbuch (MP3-CD)
Hördauer ca. 6,5 Stunden
2. Auflage
ISBN 978-3-7655-8713-9

Das Hörbuch zum Bestseller.
Ungekürzte Fassung.
Gesprochen vom Autor.

*„Hat mich in den Bann gezogen! Ein wunderbares Beispiel, wie
Liebe zur Tat wird."*

Samuel Koch, Schauspieler

„Eine moderne Apostelgeschichte!"

Stefan Loß, Leiter ERF Plus, ERF-Medien

FÜR PERSÖNLICHE NOTIZEN &
NETHANJA-GEBETSANLIEGEN